# CADERNO DE REVISÃO

## ENSINO MÉDIO
# FÍSICA

### Maurício Pietrocola Pinto de Oliveira
Licenciado em Física e mestre em Ensino de Ciências pela Universidade de São Paulo, doutor em Epistemologia e História das Ciências pela Universidade de Paris VII e livre-docente em Educação pela Universidade de São Paulo. Foi professor de Física em escolas de Ensino Médio e atualmente é professor titular da Faculdade de Educação da Universidade de São Paulo.

### Alexander Pogibin
Licenciado em Física pela Universidade de São Paulo com formação complementar em Pedagogia. Foi professor de escolas públicas e particulares e atualmente participa de projetos na área de ensino de Física e Educação em geral.

### Renata Cristina de Andrade Oliveira
Licenciada em Física pela Universidade de São Paulo, especialista em Ensino de Física pela Universidade Estadual de Campinas com formação complementar em Pedagogia e Psicopedagogia. Já lecionou em escolas públicas e privadas e atualmente integra a Equipe Pedagógica de Física da Secretaria da Educação do Estado de São Paulo.

### Talita Raquel Luz Romero
Licenciada em Física e mestre em Ensino de Ciências pela Universidade de São Paulo. Já atuou com formação de professores na Estação Ciência da USP e no Ensino Superior de instituições particulares. Atualmente realiza pesquisa e produção de materiais didáticos no Núcleo de Pesquisa em Inovações Curriculares (Nupic – USP) e trabalha com gestão de cursos de Educação a Distância.

1ª edição
São Paulo – 2016

© Editora do Brasil S.A., 2016
*Todos os direitos reservados*

**Direção geral**: Vicente Tortamano Avanso
**Direção adjunta**: Maria Lúcia Kerr Cavalcante Queiroz

**Direção editorial**: Cibele Mendes Curto Santos
**Gerência editorial**: Felipe Ramos Poletti
**Supervisão editorial**: Erika Caldin
**Supervisão de arte, editoração e produção digital**: Adelaide Carolina Cerutti
**Supervisão de direitos autorais**: Marilisa Bertolone Mendes
**Supervisão de controle de processos editoriais**: Marta Dias Portero
**Supervisão de revisão**: Dora Helena Feres
**Consultoria de iconografia**: Tempo Composto Col. de Dados Ltda.
**Licenciamentos de textos**: Cinthya Utiyama, Jennifer Xavier, Paula Harue e Renata Garbellini
**Coordenação de produção CPE**: Leila P. Jungstedt

**Concepção, desenvolvimento e produção**: Triolet Editorial e Mídias Digitais
**Diretora executiva**: Angélica Pizzutto Pozzani
**Diretor de operações e produção**: João Gameiro
**Gerente editorial**: Denise Pizzutto
**Editora de texto**: Carmen Lucia Ferrari
**Assistentes editoriais**: Tatiana Gregório
**Preparação e revisão**: Amanda Andrade, Carol Gama, Érika Finati, Flávia Venezio, Flávio Frasqueti, Gabriela Damico, Juliana Simões, Leandra Trindade, Mayra Terin, Patricia Rocco, Regina Elisabete Barbosa, Sirlei Pinochia
**Projeto gráfico**: Triolet Editorial/Arte
**Editores de arte**: Daniela Fogaça Salvador, Débora Jóia
**Assistentes de arte**: Wilson Santos Junior, Beatriz Landiosi (estag.), Lucas Boniceli (estag.)
**Ilustradores**: Daniel das Neves, Dawidson França, Suryara Bernardi
**Iconografia**: Pamela Rosa (coord.), Clarice França, Erika Freitas, Priscila Ferraz
**Tratamento de imagens**: Paulo Salvador
**Capa**: Paula Belluomini

---

**Dados Internacionais de Catalogação na Publicação (CIP)**
**(Câmara Brasileira do Livro, SP, Brasil)**

Caderno de revisão, 3º ano: física conceitos & contextos : ensino médio / Maurício Pietrocola...[et al.]. – 1. ed. – São Paulo : Editora do Brasil, 2016. – (Série Brasil : ensino médio)

Outros autores: Alexander Pogibin, Renata de Andrade, Talita Raquel Romero
Componente curricular: Física
ISBN 978-85-10-06161-2 (aluno)
ISBN 978-85-10-06162-9 (professor)

1. Física (Ensino médio) I. Pietrocola, Maurício. II. Pogibin, Alexander. III. Andrade, Renata de. IV. Romero, Talita Raquel. V. Série.

16-05850                                      CDD-530.07

**Índice para catálogo sistemático:**
1. Física : Ensino médio       530.07

Reprodução proibida. Art. 184 do Código Penal e Lei n. 9.610 de 19 de fevereiro de 1998.

Todos os direitos reservados

2016
Impresso no Brasil

1ª edição / 1ª impressão, 2016
Impresso na Arvato Bertelsmann

Rua Conselheiro Nébias, 887 – São Paulo/SP – CEP 01203-001
Fone: (11) 3226-0211 – Fax: (11) 3222-5583
www.editoradobrasil.com.br

# APRESENTAÇÃO

Caro aluno,

O último ano do Ensino Médio é um misto de alegria e angústia. É, ao mesmo tempo, o término da educação básica e o momento de decidir que caminho seguir na vida profissional, que passa, nos dias atuais, pela formação universitária. E entre você e o seu desejo de escolher uma profissão existem os processos seletivos. O Enem e os vestibulares das universidades têm se tornado cada vez mais competitivos. Para enfrentá-los, são necessários conhecimento, controle emocional e muita, muita dedicação. Nesse caso, a dedicação precisa ser revestida de estratégia, pois os processos de seleção se diferenciaram muito nos últimos anos. Em sua maioria, as universidades exigem que os candidatos ao ensino superior tenham a capacidade de usar os conhecimentos adquiridos em contextos diversos. Para tanto é preciso saber avaliar situações-problema, interpretar informações e fazer julgamentos. Essas habilidades vão muito além de decorar fórmulas, nomes ou números.

Neste volume de revisão você vai encontrar questões que exigem essas habilidades. Será necessário usar os conhecimentos adquiridos em anos anteriores, fazendo seu pensamento apoiar-se em ideias e conceitos forjados pela humanidade ao longo dos tempos para responder às demandas atuais. Mais do que responder corretamente, você será preparado a pensar e saber justificar suas respostas de modo coerente e consistente. O conteúdo deste volume está organizado em temas importantes, selecionados do vasto conteúdo da Física. A eles foram acrescentadas questões com mais de um conteúdo que desafiaram os limites da sua capacidade de resolver problemas.

Esperamos que essa seleção de questões contribua com sua preparação para a entrada na vida universitária.

**Os autores**

# Sumário

**CONHECIMENTOS, COMPETÊNCIAS, CONTEXTOS E ATITUDES** ..................................... 6

**A) SEÇÃO DE PROBLEMAS QUASE FECHADOS** ........................................... 8

**B) SEÇÃO DE PROBLEMAS FECHADOS** .................................................. 20

1. Métodos científicos – precisão de medidas .............................................. 20

2. Cinemática – retilínea, curvilínea, escalar, vetorial .................................... 22

3. Dinâmica ........................................................................................... 28

    **Trabalho e energia** .................................................................. 31

    **Momento linear – colisões mecânicas** .................................... 34

    **Movimento harmônico simples** ............................................... 38

4. Estática – hidrostática ....................................................................... 38

5. Astronomia – gravitação ..................................................................... 44

6. Temperatura – dilatação ..................................................................... 48

7. Calor – trocas, mudanças de fase, entropia ......................................... 49

8. Termodinâmica – máquinas térmicas ................................................... 52

9. Luz – óptica, geométrica, espelhos planos ........................................... 57

10. Espelhos esféricos – lentes, instrumentos ópticos, olho humano ......... 57

11. Som – instrumentos musicais ............................................................. 60

12. Eletrostática ..................................................................................... 62

13. Eletrodinâmica .................................................................................. 64

14. Eletromagnetismo – campos, força .................................................... 67

15. Ondas mecânicas e eletromagnéticas ................................................ 69

16. Cor – espectroscopia ........................................................................ 72

17. Física Moderna: Radiação e matéria – relatividade ............................. 73

**GABARITO** ........................................................................................... 90

# CONHECIMENTOS, COMPETÊNCIAS, CONTEXTOS E ATITUDES

Uma marca dos novos exames de avaliação do Ensino Médio é cobrar dos estudantes mais que conhecimentos específicos. Parte-se da ideia de que após um longo período de formação nas diversas áreas do conhecimento é preciso mais do que *saber conhecimentos*. É preciso *saber usar* conhecimentos em **contextos** e *saber avaliar o que se sabe*. Essa é a característica que se espera de um cidadão cientificamente letrado capaz de avaliar, tomar decisões e ter uma **atitude** para com a Ciência. As atitudes são tanto em função de conhecer os potenciais da Ciência para resolver e causar problemas sociais como de saber seus limites de aplicação e de validade.

Exames como Enem e o Pisa avaliam o letramento científico dos candidatos exigindo domínio de **conhecimentos** específicos e de **competências** para colocá-los em ação.

Na área de Ciências, as competências podem ser divididas em três tipos básicos: explicar fenômenos cientificamente; avaliar e planejar experimentos científicos; interpretar cientificamente dados e evidências.

## A definição de letramento científico

Letramento científico é a capacidade de se envolver com as questões relacionadas com a Ciência e com a ideia da Ciência, como um cidadão reflexivo.

Uma pessoa letrada cientificamente, portanto, está disposta a participar de discurso de fundamento sobre ciência e tecnologia, o que exige as competência para:

1. **Explicar fenômenos cientificamente**: reconhecer, oferecer e avaliar explicações para fenômenos naturais e tecnológicos;
2. **Avaliar e planejar investigações científicas**: descrever e avaliar investigações científicas e propor formas de abordar questões cientificamente;
3. **Interpretar dados e evidências cientificamente**: analisar e avaliar dados, afirmações e argumentos, tirando conclusões científicas apropriadas.

## Tipos de problemas

A Física é uma área de conhecimento e procedimentos guiada pela formulação e resolução de **problemas**. De maneira geral, o que se espera de alguém que saiba Física de modo amplo é que ela seja capaz de interpretar situações ligadas ao mundo físico, formular problemas e oferecer soluções. Os problemas mais comuns, aqueles que costumam aparecer em maior quantidade nos livros didáticos e nos exames de avaliação mais tradicionais, normalmente não exigem grande esforço de interpretação, pois oferecem situações idealizadas – ou seja, neles as leis, os princípios e os conceitos físicos podem ser diretamente aplicados. Eles requerem o uso de procedimentos-padrão para sua solução. Esses problemas são chamados de **problemas fechados**. A solução deles costuma ser única, pois não há margem de discussão sobre a situação proposta nem sobre o caminho para chegar à solução. Na grande maioria, esse tipo de problema tem no enunciado a descrição de uma situação em que se apresentam grandezas físicas numéricas oferecidas diretamente e uma pergunta direta que envolve a busca de uma grandeza não fornecida. Para solucioná-los deve-se ter a habilidade de pensar a solução por meio de leis e princípios físicos formulados em expressões matemáticas que levem à grandeza pedida. O exemplo a seguir apresenta um típico problema fechado de Física.

Uma formiga desloca-se por uma trilha retilínea que se inicia próximo a certa árvore. Quando está a 5 cm da árvore, um observador dispara um cronômetro e observa que a formiga se movimenta percorrendo 4 cm a cada 5 s.

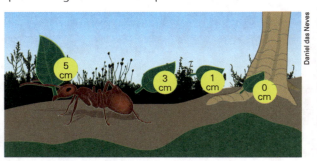

a) Escreva a função horária do movimento da formiga.

Temos as seguintes informações para o movimento da formiga:

$P_0 = 5$ cm e $v = \dfrac{\Delta p}{\Delta t} = \dfrac{4}{5} = 0{,}8$ cm/s

Assim, a função horária da posição $p = p_0 + v \cdot t$ é reescrita como $p = 5 + 0{,}8 \cdot t$.

b) Faça um esboço do respectivo gráfico horário da posição.

Para esboçarmos o gráfico de uma reta são necessários pelo menos dois pontos. Sabemos que o movimento se inicia em $t = 0$, a 5 cm da árvore, considerando a origem da trilha; então, $p_0 = 5$ cm. Utilizando a função horária da posição, podemos prever onde estará a formiga 10 s depois de começar seu movimento. Nesse instante, determinamos sua posição:

$p = 5 + 0,8 \cdot t \Rightarrow p = 5 + 0,8 \cdot 10 \Rightarrow p = 13$ cm

Podemos agora traçar o esboço do gráfico com os pares de pontos (0; 0) e (10; 13).

No outro extremo, temos problemas em que a tarefa principal é interpretar o enunciado de modo a chegar a uma situação fisicamente compreensível. O que se pede é levantar suposições sobre o que é *relevante* e o que não é. Gráficos, tabelas e infográficos podem ser usados como fonte de dados e precisam ser interpretados. Esses problemas são chamados de **problemas abertos**. A solução do problema fica totalmente condicionada à(s) interpretação(ões) produzida(s) e, em muitos casos, mais de uma solução é possível para o problema. O exemplo a seguir apresenta um problema aberto.

### Atravessando a rua

Suponha a seguinte situação: uma pessoa deseja atravessar uma avenida expressa na qual a velocidade máxima permitida é de 80 km/h. Essa pessoa pode se deslocar por qualquer uma das trajetórias, 1, 2 ou 3, ilustradas a seguir. Em cada trajetória, ela desenvolverá uma velocidade constante $V_1$, $V_2$ ou $V_3$, gastará um tempo $t_1$, $t_2$ ou $t_3$ e percorrerá uma distância $d_1$, $d_2$ ou $d_3$.

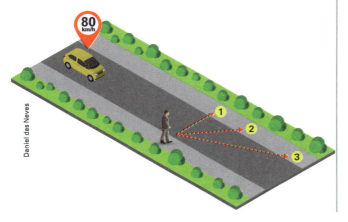

### Discussão

Com base na situação descrita na ilustração, responda às perguntas.

1. Para atravessar a rua segundo a trajetória 1, que condições a pessoa deve levar em consideração para decidir o momento mais propício para realizar essa ação?

2. Se durante essa travessia um carro que segue em direção à pessoa acelerar, qual pode ser uma das reações do pedestre para não ser atropelado? Nesse caso, o novo tempo de travessia, $t'$, será maior ou menor que $t_1$?

Vamos voltar à situação em que a velocidade da pessoa e a do carro são estritamente constantes. Suponha que por algum motivo a pessoa seja obrigada a executar uma trajetória retilínea e não perpendicular, isto é, com um ângulo diferente de 90°.

3. Segundo a trajetória 2 (que é levemente inclinada), a velocidade que a pessoa tem de manter para não ser atropelada deve ser menor ou maior que a velocidade $V_1$? Por quê?

4. Se a pessoa percorrer a trajetória 3 (acentuadamente inclinada), o que pode acontecer caso ela mantenha a velocidade $V_1$ para a travessia da rua?

5. Comente a seguinte afirmação: "Existe muito conhecimento físico no simples ato de travessia da rua".

Entre esses dois extremos existe uma gama de problemas ditos *semiabertos* e *quase fechados*. Nesse tipo de problema o enunciado envolve uma situação menos idealizada e os dados costumam aparecer de modo indireto na forma de tabelas, gráficos e infográficos. A seguir apresentamos um exemplo desse tipo de problema.

1. Um sistema de radar é programado para registrar automaticamente a velocidade de todos os veículos que trafegam por uma avenida, onde passam em média 300 automóveis por hora e 55 km/h é a máxima velocidade permitida. Um levantamento estatístico dos registros do radar permitiu a elaboração da distribuição percentual de veículos de acordo com sua velocidade aproximada.

A velocidade média dos veículos que trafegam nessa avenida é de:

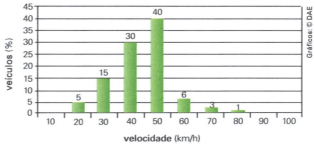

a) 35 km/h.
b) 44 km/h.
c) 55 km/h.
d) 76 km/h.
e) 85 km/h.

|  | Enunciado | Solução |
|---|---|---|
| **Problema fechado** | Situação definida, com interpretação única e dados oferecidos diretamente; pergunta específica sobre uma grandeza física. | Pensamento fundamentado em leis e princípios físicos expressos matematicamente para obtenção da grandeza pedida. |
| **Problema quase fechado ou semiaberto** | Situação definida, porém a interpretação exige suposições sobre o que deve ser relevante; dados aparecem de forma indireta; pergunta específica sobre uma ou mais grandezas físicas. | Pensamento fundamentado em leis e princípios físicos; análise sobre quais aspectos são relevantes e sobre o eventual uso de expressões matemáticas para obtenção da grandeza pedida. |
| **Problema aberto** | Situação genérica, com interpretação que exige levantamento de suposições; dados aparecem de forma indireta ou podem nem aparecer; pergunta ampla que pode envolver previsão sobre a situação dada. | Pensamento para estabelecer critérios sobre aspectos relevantes e irrelevantes; ser capaz de obter dados de gráficos, tabelas ou mesmo estimar valores de grandezas e desenhar respostas possíveis. |

Ao longo dos três volumes da Coleção, problemas fechados, abertos e semiabertos foram apresentados nas diversas seções. No entanto, nos vestibulares e demais exames seletivos de ingresso na universidade, o que se pede são problemas fechados e quase fechados. O que faremos a seguir é oferecer duas seções de atividades. A primeira de problemas quase fechados e a segunda de problemas fechados.

# A) SEÇÃO DE PROBLEMAS QUASE FECHADOS

Os problemas a seguir foram extraídos ou adaptados de exames do Pisa e alguns deles foram produzidos pelos próprios autores.

## Sobre um ônibus em movimento

### Questão 1

Um ônibus está trafegando por um trecho reto da estrada. O motorista do ônibus, chamado Raul, tem um copo de água sobre o painel:

Subitamente, Raul tem que pisar no freio.

O que é mais provável acontecer com a água do copo?

a) A água permanecerá na horizontal.

b) A água será derramada para o lado 1.

c) A água será derramada para o lado 2.

d) A água será derramada, mas não se pode afirmar se para o lado 1 ou para o lado 2.

_____
_____
_____
_____
_____
_____

### Questão 2

O motorista do ônibus, Raul, olha o ônibus que está bem atrás dele pelo espelho retrovisor. O ônibus não está parado, mas parece estar. A velocidade indicada no velocímetro do carro de Raul é de 80 km/h. Qual é a velocidade indicada no velocímetro do ônibus que está atrás de Raul?

a) 0 km/h.  c) 80 km/h.
b) Entre 0 e 80 km/h.  d) Mais de 80 km/h.

_____
_____
_____
_____
_____

### Questão 3

O ônibus de Raul está viajando a 80 km/h. Um segundo ônibus ultrapassa-o e parece estar a cerca de 20 km/h quando passa por Raul.

Qual é a real velocidade indicada no velocímetro do ônibus quando ele ultrapassa o de Raul?

a) Cerca de 20 km/h.
b) Cerca de 60 km/h.
c) Cerca de 80 km/h.
d) Cerca de 100 km/h.

_____
_____
_____
_____
_____

### Questão 4

O ônibus de Raul, como a maioria dos ônibus, é movido a *diesel*. Esses ônibus contribuem para a poluição ambiental.

Algumas cidades possuem bondes movidos por um motor elétrico. A voltagem necessária para tais motores elétricos é fornecida por cabos que passam acima dos bondes (como os dos trens elétricos). A eletricidade é fornecida por uma estação de força que utiliza combustíveis fósseis. Os defensores da utilização de ônibus elétricos nas cidades dizem que esses ônibus não contribuem para a poluição ambiental.

Essas pessoas estão corretas? Explique sua resposta.

_____
_____
_____
_____
_____
_____
_____
_____

## Claridade

Leia as informações a seguir e responda às questões que se seguem.

**Duração do dia em 22 de junho de 1998**

Hoje, enquanto o Hemisfério Norte celebra seu dia mais longo, os australianos viverão seu dia mais curto.

Em Melbourne*, Austrália, o Sol nascerá às 7h36 e se porá às 17h08, esperado para 22 de dezembro, quando o sol nascerá às 5h55 e se porá às 20h42 (horário de verão), totalizando 14 horas e 47 minutos de claridade.

O presidente da Sociedade de Astronomia, sr. Perry Vlahos, disse que a existência de mudanças nas estações entre os hemisférios Norte e Sul estava ligada à inclinação de 23 graus da Terra.

*Melbourne é uma cidade no sul da Austrália a uma latitude de cerca de 38 graus ao sul do equador.

### Questão 1

Qual é a afirmação que explica por que a claridade e a escuridão ocorrem na Terra?

a) A Terra gira em torno do seu eixo.
b) O Sol gira em torno do seu eixo.
c) O eixo da Terra é inclinado.
d) A Terra gira em torno do Sol.

_____
_____

### Questão 2

A Figura demonstra os raios de luz do sol se refletindo sobre a Terra.

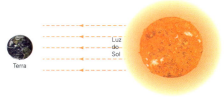

_____
_____
_____

Suponha que seja o dia mais curto em Melbourne. Mostre o eixo da Terra, o Hemisfério Norte e o Hemisfério Sul na ilustração.

## Ozônio

Leia a seguinte seção de um artigo a respeito da camada de ozônio.

A atmosfera é um imenso reservatório de ar e um recurso natural precioso para a manutenção da vida na Terra. Infelizmente, as atividades humanas baseadas nos interesses nacionais/pessoais estão danificando esse recurso comum, principalmente destruindo a frágil camada de ozônio, que funciona como um escudo protetor para a vida na Terra.

Uma molécula de ozônio é composta por 3 átomos de oxigênio, em contraposição às moléculas de oxigênio, que são compostas por dois átomos de oxigênio. As moléculas de ozônio são raríssimas: menos de 10 em cada um milhão de moléculas de ar. Entretanto, já há quase um bilhão de anos, sua presença na atmosfera desempenha um papel vital na proteção de vida na Terra.

Dependendo de onde está localizado, o ozônio pode proteger ou prejudicar a vida na Terra. O ozônio que se encontra na troposfera (até 10 km acima da superfície da Terra) é ozônio "ruim", que pode danificar plantas e tecidos pulmonares. Mas cerca de 90 por cento do ozônio que se encontra na estratosfera (entre 10 km e 40 km acima da superfície da Terra) é ozônio "bom", que desempenha um papel benéfico, absorvendo a perigosa radiação ultravioleta emitida pelo Sol.

Sem essa camada de ozônio benéfica, os humanos seriam mais suscetíveis a certas doenças devido à incidência de raios ultravioleta vindos do Sol. A destruição da camada de ozônio poderia também quebrar a cadeia alimentar marinha devido ao efeito nocivo dos raios ultravioleta-B sobre o plâncton.

Fonte: The Chemistry of Atmospheric Policy
(A química da política atmosférica).
*Connect*: Unesco International Science, Technology & Environmental Education Newsletter, v. XXII, vol. 2, 1977.

### Ozônio – Diagrama

Examine a linha espessa no seguinte diagrama, que mostra a distribuição das moléculas de ozônio na atmosfera.

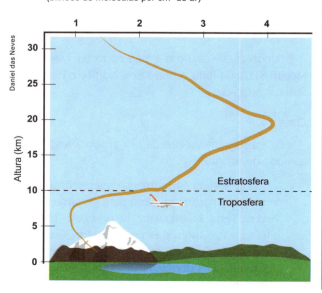

### Questão 1

O ozônio também é formado durante tempestades com trovoadas. É ele que provoca o cheiro típico que se sente após esse tipo de tempestade. Nas linhas 16 a 23, o autor do texto faz uma distinção entre o "ozônio ruim" e "ozônio bom".

Segundo o artigo, o ozônio formado durante as tempestades com trovoadas é "ozônio ruim" ou "ozônio bom"? Escolha uma resposta com a explicação correta.

| | Ozônio ruim ou ozônio bom? | Explicação |
|---|---|---|
| a) | Ruim | É formado durante mau tempo. |
| b) | Ruim | É formado na troposfera. |
| c) | Bom | É formado na estratosfera. |
| d) | Bom | Ele cheira bem. |

_____
_____
_____
_____

### Questão 2

Nas linhas 16 a 25, o autor do texto faz uma distinção entre o "ozônio ruim" e o "ozônio bom", embora as propriedades do ozônio sejam sempre as mesmas.

Suponha que você esteja em um avião a 10 km de altitude. Se você fosse usar o ar (comprimido) que está do lado de fora do avião para respirar, esse ar poderia danificar seus tecidos pulmonares? Escolha a resposta com a explicação correta.

| | O ar poderia danificar seus tecidos pulmonares? | Explicação |
|---|---|---|
| a) | Não | Existe apenas ozônio "bom" a 10 km de altitude. |
| b) | Sim | Existe apenas ozônio "ruim" a 10 km de altitude. |
| c) | Sim | Existe uma mistura de ozônio "bom" e de ozônio "ruim" a 10 km de altitude. Somente o ozônio "ruim" poderia danificar seus tecidos pulmonares. |
| d) | Sim | Seus tecidos pulmonares não fariam distinção entre o ozônio "ruim" e o ozônio "bom"; o ozônio poderia danificar seus tecidos pulmonares em qualquer circunstância. |

_____

_____

_____

_____

## Questão 3

A radiação ultravioleta que atinge a superfície da Terra é influenciada pela quantidade total de ozônio acima da superfície da Terra. Com base no diagrama, você pode concluir que sua exposição à radiação ultravioleta ao nível do mar não tem a mesma intensidade que sua exposição à radiação ultravioleta quando você está no topo dessas montanhas.

Onde você estaria mais exposto à radiação ultravioleta: ao nível do mar ou no topo de uma montanha de 7 km de altitude? Escolha a resposta com a explicação correta.

| | Onde você estaria mais exposto à radiação ultravioleta? | Explicação |
|---|---|---|
| a) | Ao nível do mar | A concentração de ozônio ao nível do mar é maior que a 7 km de altitude. |
| b) | No topo da montanha | A quantidade de ozônio a 7 km de altitude é menor que ao nível do mar. |
| c) | Ao nível do mar | A quantidade total de ozônio acima do nível do mar é superior à quantidade total de ozônio acima do nível de 7 km. |
| d) | No topo da montanha | A quantidade total de ozônio acima do nível de 7 km é menor que a quantidade total de ozônio acima do nível do mar. |

_____

_____

_____

_____

_____

_____

_____

## Trabalhar em dia quente

### Questão 1

Paulo está trabalhando na reforma de uma casa velha. Ele deixou uma garrafa de água, alguns pregos de metal e um pedaço de madeira dentro do porta-malas do carro. Depois de três horas sob o sol, a temperatura dentro do carro chegou a aproximadamente 40°C.

O que acontece com os objetos que estão dentro do carro? Faça um círculo em "Sim" ou "Não" para cada afirmação.

| Isto acontece com os objetos dentro do carro? | Sim ou Não? |
|---|---|
| Todos estão com a mesma temperatura. | Sim / Não |
| Depois de algum tempo, a água começa a ferver. | Sim / Não |
| Depois de algum tempo, os pregos de metal começam a ficar vermelhos. | Sim / Não |
| A temperatura dos pregos de metal é mais elevada do que a da água. | Sim / Não |

_____

_____

_____

### Questão 2

Paulo prepara uma caneca de café quente, à temperatura de cerca de 90 °C, e uma caneca de água mineral gelada, à temperatura de cerca de 5 °C. As canecas são idênticas em formato e tamanho e têm a mesma capacidade em volume. Paulo deixa as canecas em um local onde a temperatura é de aproximadamente 20 °C.

Quais poderão ser as temperaturas do **café** e da **água mineral** depois de 10 minutos?

   a) 70° C e 10° C

   b) 90° C e 5° C

   c) 70° C e 25° C

   d) 20° C e 20° C

_____

_____

_____

_____

Caderno de revisão 11

## A luz das estrelas

Túlio gosta de olhar as estrelas. Entretanto, ele não pode observá-las muito bem à noite, porque mora em uma cidade grande.

No ano passado, Túlio visitou o campo e escalou uma montanha, de onde observou um grande número de estrelas que não conseguia ver quando estava na cidade.

### Questão 1

Por que é possível observar um número maior de estrelas no campo do que nas cidades, onde vive a maioria das pessoas?

a) A lua é mais brilhante nas cidades e bloqueia a luz de muitas estrelas.
b) No ar do campo há mais poeira para refletir a luz do que no ar da cidade.
c) Na cidade, o brilho da iluminação pública dificulta ver várias estrelas.
d) O ar é mais quente nas cidades devido ao calor emitido pelos carros, equipamentos e casas.

### Questão 2

Túlio usa um telescópio com uma lente de grande diâmetro para observar as estrelas de baixa intensidade luminosa.

Por que um telescópio equipado com uma lente de grande diâmetro permite a observação de estrelas de baixa intensidade luminosa?

a) Quanto maior a lente, mais luz é captada.
b) Quanto maior a lente, maior é a sua capacidade de ampliação.
c) Lentes maiores possibilitam ver uma porção maior do céu.
d) Lentes maiores podem detectar as cores escuras nas estrelas.

### Questão 3

Até que ponto você concorda com as seguintes afirmações?

Marque apenas uma opção em cada linha.

|    | Concordo totalmente | Concordo | Discordo | Discordo totalmente |
|---|---|---|---|---|
| a) As teorias sobre a intensidade luminosa das estrelas podem ser testadas apenas por meio de métodos científicos. |  |  |  |  |
| b) Deveriam ser construídos telescópios gigantes para estudar as estrelas, apesar do alto custo desses equipamentos. |  |  |  |  |
| c) Em vez de comparar a intensidade luminosa das estrelas a olho nu, é melhor utilizar instrumentos de precisão. |  |  |  |  |

## Ultrassom

Em muitos países, é possível obter imagens de um feto (bebê em desenvolvimento no ventre da mãe) graças às técnicas de imagem por ultrassom (ecografia). Os ultrassons são considerados seguros para a mãe e para o feto.

Durante o procedimento, o médico segura uma sonda e a movimenta pelo abdômen da mãe. As ondas do ultrassom são transmitidas para dentro do abdômen e elas são refletidas a partir da superfície do feto. A sonda recupera as ondas refletidas e as envia para um equipamento que pode produzir uma imagem.

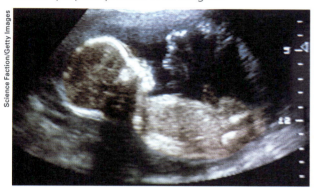

### Questão 1

Para formar uma imagem, o ultrassom precisa calcular a **distância** entre o feto e a sonda.

As ondas do ultrassom movimentam-se pelo abdômen a uma velocidade de 1540 m/s. Que medições o equipamento deve fazer para poder calcular a distância?

_____
_____
_____
_____
_____
_____

### Questão 2

A imagem do feto também pode ser obtida utilizando-se os raios X (radiografia). Entretanto, as mulheres são aconselhadas a evitar radiografias do abdômen durante a gravidez.

Por que a mulher deve evitar fazer radiografias do abdômen durante a gravidez?

_____
_____
_____
_____

### Questão 3

Os exames de ultrassom realizados em gestantes podem fornecer respostas para as questões a seguir? Faça um círculo em "Sim" ou "Não" para cada questão.

| Os exames de ultrassom podem fornecer resposta para esta questão? | Sim ou Não? |
|---|---|
| Há mais que um bebê? | Sim / Não |
| Qual é o sexo do bebê? | Sim / Não |
| Qual é a cor dos olhos do bebê? | Sim / Não |
| O bebê está maior ou menor que o tamanho normal? | Sim / Não |

_____
_____

## Trânsito de Vênus

Em 8 de junho de 2004, pôde-se observar, de vários locais da Terra, a passagem do planeta Vênus diante do Sol. Esse fenômeno é denominado "trânsito" de Vênus e ocorre quando a órbita desse planeta o coloca entre o Sol e a Terra. O trânsito de Vênus anterior a esse ocorreu em 1882 e o posterior, em 2012.

Abaixo, vemos uma foto do trânsito de Vênus em 2004. Um telescópio foi apontado para o Sol e a imagem projetada em um cartão branco.

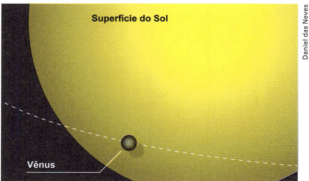

### Questão 1

Por que o trânsito foi observado por meio da projeção da imagem em um cartão branco, em vez de se olhar diretamente pelo telescópio?

a) A luz do Sol era muito intensa para que Vênus aparecesse.
b) O Sol é grande o suficiente para ser visto sem ampliação.
c) Observar o Sol por meio de um telescópio pode danificar os olhos.
d) Era necessário reduzir a imagem, projetando-a sobre um cartão.

### Questão 2

Qual dos planetas a seguir pode ser observado em trânsito diante do Sol, a partir da Terra, em determinados momentos?

a) Mercúrio
b) Marte
c) Júpiter
d) Saturno

## Energia eólica

Muitos consideram a energia eólica uma fonte que pode substituir as centrais térmicas movidas a petróleo ou a carvão. Os geradores eólicos apresentados na figura a seguir possuem pás que giram conforme o vento. Essas rotações fazem o gerador produzir eletricidade.

### Questão 1

Os gráficos a seguir mostram a velocidade média do vento em quatro locais diferentes ao longo do ano. Qual o local mais apropriado para a instalação de um gerador eólico?

a)
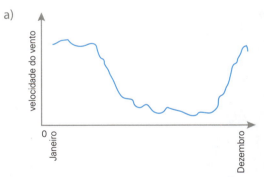

b)
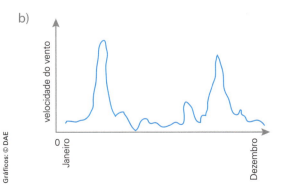

c)
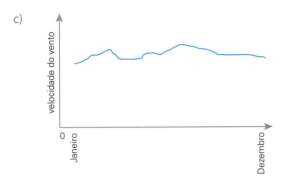

d)
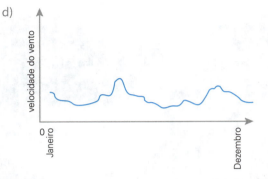

### Questão 2

Quanto mais forte o vento, mais rapidamente giram as pás dos geradores eólicos e mais energia elétrica é gerada. No entanto, em uma situação real, não há uma relação direta entre a velocidade do vento e a energia elétrica produzida. A seguir, apresentamos quatro condições de funcionamento de uma central de energia eólica em situação real.

1. As pás começarão a girar quando a velocidade do vento for $v_1$.
2. Por razões de segurança, a rotação das pás não aumentará quando a velocidade do vento for maior que $v_2$.
3. A potência elétrica está no máximo (W) quando o vento atinge a velocidade $v_2$.
4. As pás irão parar de girar quando a velocidade do vento alcançar $v_3$.

Qual dos gráficos a seguir melhor representa a relação entre a velocidade do vento e a energia elétrica gerada sob as condições de funcionamento descritas?

a)
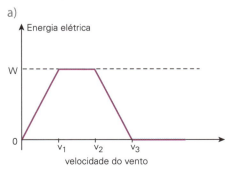

b)

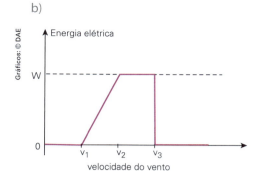

c)

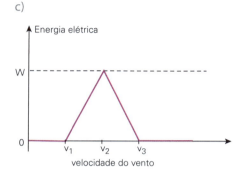

d)

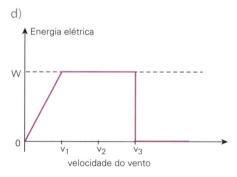

**Questão 3**

A uma mesma velocidade do vento, quanto mais elevada for a altitude, mais lenta será a rotação das pás.

Qual das alternativas a seguir explica melhor por que as pás dos geradores eólicos giram mais lentamente em lugares mais altos, já que a velocidade do vento é a mesma?

a) O ar é menos denso à medida que a altitude aumenta.
b) A temperatura é mais baixa à medida que a altitude aumenta.
c) A gravidade torna-se menor à medida que a altitude aumenta.
d) Chove com mais frequência quando a altitude aumenta.

**Questão 4**

Descreva uma vantagem e uma desvantagem específicas da produção de energia eólica com relação à produção de energia a partir de combustíveis fósseis, como o carvão e o petróleo.

Vantagem: _____
_____
_____
_____
_____
_____
_____
_____

Desvantagem: _____
_____
_____
_____
_____
_____
_____
_____
_____

**Questão 5**

A seguir, apresentamos quatro opiniões a respeito do uso do vento como fonte de energia, comparado ao uso do carvão e do petróleo.

Faça um círculo na letra ao lado da resposta que mais se aproxima da **sua própria opinião**. Não há resposta "correta" ou "incorreta".

a) Não vejo razão para construir geradores eólicos. O carvão e o petróleo são fontes de energia abundantes.
b) Os geradores eólicos deveriam ser construídos, mas somente naqueles locais onde outras fontes de energia são escassas.
c) Deve-se incentivar o uso de geradores eólicos, desde que eles não tenham nenhum impacto sobre a minha maneira de utilizar a energia.
d) Sou totalmente favorável à substituição da energia produzida pelo carvão e pelo petróleo pela energia produzida por geradores eólicos.

### Efeito estufa

Leia os textos e responda às questões que seguem.

**Texto 1**

#### O efeito estufa: fato ou ficção?

Os seres vivos necessitam de energia para sobreviver. A energia que mantém a vida sobre a Terra vem do Sol, que irradia energia para o espaço, por ser muito quente. Uma proporção minúscula dessa energia alcança a Terra.

A atmosfera terrestre funciona como uma camada protetora sobre a superfície de nosso planeta, impedindo que ocorram as variações de temperatura que existiriam em um mundo sem ar.

A maior parte da energia irradiada pelo Sol passa pela atmosfera terrestre. A Terra absorve uma porção dessa energia e o restante é refletido pela superfície de nosso planeta. Parte dessa energia refletida é absorvida pela atmosfera.

Como resultado disso, a temperatura média acima da superfície da Terra é mais alta do que seria se não existisse atmosfera. A atmosfera terrestre funciona como uma estufa, daí o termo efeito estufa.

O efeito estufa teria ficado mais evidente durante o século XX.

É um fato que a temperatura média da atmosfera terrestre tem aumentado. Em jornais e revistas, o aumento da emissão do gás carbônico é frequentemente apontado como o principal responsável pela elevação da temperatura no século XX.

**Texto 2**

Um estudante chamado André interessou-se pela possível relação entre a temperatura média da atmosfera terrestre e a emissão de gás carbônico na Terra. Em um livro que pegou em uma biblioteca, ele encontrou os dois gráficos a seguir.

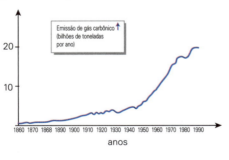

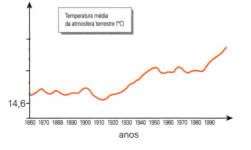

André concluiu, a partir desses dois gráficos, que é evidente que o aumento da temperatura média da atmosfera terrestre tem relação com o aumento da emissão do gás carbônico.

#### Questão 1

O que há nos gráficos que justifica a conclusão de André?

_____
_____
_____
_____
_____
_____
_____
_____
_____
_____
_____
_____
_____
_____
_____

#### Questão 2

Outra aluna, Jane, discorda da conclusão de André. Ela compara os dois gráficos e diz que algumas partes deles não justificam a conclusão do colega.

Dê um exemplo de uma parte do gráfico que não justifica a conclusão de André. Explique sua resposta.

_____
_____
_____
_____
_____
_____
_____
_____
_____

## Questão 3

André mantém sua conclusão, segundo a qual o aumento na média da temperatura da atmosfera terrestre é causado pelo aumento da emissão de gás carbônico. Mas Jane acha que sua conclusão é prematura. Ela diz: "Antes de aceitar essa conclusão você deve estar certo de que outros fatores que poderiam influenciar o efeito estufa estão constantes".

Cite um dos fatores a que Jane se refere.

_____

_____

_____

## Questão 4

Até que ponto você concorda com as seguintes afirmações?

Marque apenas uma opção em cada linha.

| | | Concordo totalmente | Concordo | Discordo | Discordo totalmente |
|---|---|---|---|---|---|
| a) | Somente a investigação científica pode explicar o aumento na temperatura média da atmosfera terrestre. | | | | |
| b) | As conclusões sobre o efeito do aumento da emissão de dióxido de carbono devem ser baseadas em evidências científicas. | | | | |
| c) | É importante investigar por que ocorreram quedas na temperatura média da atmosfera em vários períodos de tempo. | | | | |

# Combustíveis fósseis
## Visão geral da unidade

Esta unidade explora a relação entre a queima de combustíveis fósseis e os níveis de $CO_2$ na atmosfera. O material de estímulo inclui um diagrama que ilustra o ciclo do carbono no ambiente e um texto curto que descreve as estratégias de redução da quantidade de $CO_2$ liberado na atmosfera, uma tabela comparando o etanol e o petróleo quando usados como combustível e um gráfico ilustrando os resultados de um modelo matemático que calcula a captura e o armazenamento de carbono em três profundidades no oceano.

## Questão 1

Muitas usinas queimam combustível à base de carbono e emitem dióxido de carbono ($CO_2$). O $CO_2$ liberado na atmosfera tem impacto negativo no clima global. Engenheiros têm utilizado diferentes estratégias para reduzir a quantidade de $CO_2$ liberada na atmosfera.

Uma dessas estratégias é queimar biocombustíveis em vez de combustíveis fósseis. Enquanto combustíveis fósseis vêm de organismos mortos há muito tempo, biocombustíveis vêm das plantas que viveram e morreram recentemente.

Outra estratégia envolve o sequestro de uma porção de $CO_2$ emitido pelas usinas para armazená-lo no subsolo ou no oceano. Essa estratégia é chamada de captura e armazenamento de carbono.

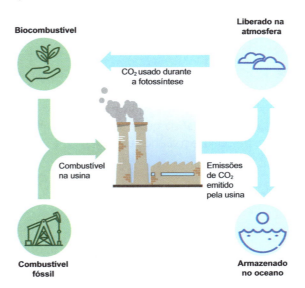

Utilizar biocombustíveis não tem o mesmo efeito no nível de $CO_2$ na atmosfera do que utilizar combustíveis fósseis. Qual das afirmativas abaixo melhor explica o porquê disso?

a) Biocombustíveis não liberam $CO_2$ quando queimados.
b) Plantas usadas para produção de biocombustíveis absorvem $CO_2$ da atmosfera à medida que crescem.
c) A medida que queimam, biocombustíveis absorvem $CO_2$ da atmosfera.
d) o $CO_2$ liberado pelas usinas que utilizam biocombustível tem diferentes propriedades químicas em relação àquele liberado pelas usinas que usam combustíveis fósseis.

_____
_____
_____
_____

**Questão 2**

Apesar das vantagens dos biocombustíveis para o meio ambiente, combustíveis fósseis ainda são largamente usados. A tabela a seguir compara a energia e o $CO_2$ liberados quando o petróleo e etanol são queimados. Petróleo é um combustível fóssil, ao passo que etanol é um biocombustível.

| Fonte de combustível | Energia liberada (kJ de energia/g de combustível) | Dióxido de carbono liberado (mg de $CO_2$/kJ de energia produzida pelo combustível) |
|---|---|---|
| Petróleo | 43,6 | 78 |
| Etanol | 27,3 | 59 |

a) De acordo com a tabela, por que alguém deveria preferir usar petróleo em vez de etanol, mesmo que o custo seja o mesmo?
b) De acordo com a tabela, qual é a vantagem ambiental do uso do etanol em vez do petróleo?

_____
_____
_____
_____
_____

## Captura e armazenamento do carbono

A captura e o armazenamento do carbono envolvem o sequestro de uma porção de $CO_2$ emitido pelas usinas e a retenção dele onde não possa ser liberado de volta à atmosfera. Um local possível para armazenar o $CO_2$ é no oceano, porque o $CO_2$ se dissolve na água.

Cientistas desenvolveram um modelo matemático para calcular o percentual de $CO_2$ que continua armazenado depois que é bombeado para dentro do oceano em três profundidades diferentes (800 metros, 1 500 metros e 3 000 metros). O modelo assume que o $CO_2$ foi bombeado para dentro do oceano em 2000. O gráfico abaixo mostra os resultados desse modelo.

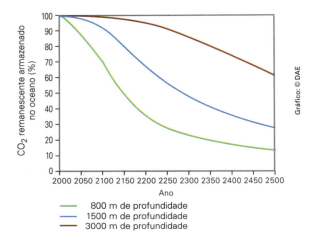

Use os dados no gráfico para explicar como a profundidade afeta a longo prazo a eficácia do armazenamento de $CO_2$ no oceano.

_____
_____
_____
_____
_____
_____

## Usina elétrica azul

### Visão geral da unidade

Esta unidade foca uma usina que usa a diferença de concentração de sal entre água doce e salgada para gerar eletricidade. O estímulo inclui um texto que descreve esse processo e uma animação que mostra o movimento das moléculas de água através de uma membrana semipermeável.

## Usina elétrica azul

Introdução

A ilustração a seguir mostra um novo tipo de usina elétrica, localizada onde um rio de água doce e a água do mar se encontram. A usina usa as diferenças nas concentrações de sal nos dois corpos de água para produzir eletricidade. Nela, a água doce do rio é bombeada através de um tubo até um recipiente. A água salgada do mar é bombeada para outro recipiente. Os dois recipientes estão separados por uma membrana que permite que apenas as moléculas de água passem por ela.

As moléculas de água naturalmente movem-se através da membrana do recipiente de baixa concentração de sal para o recipiente de alta concentração de sal. Isso aumenta o volume e a pressão da água no recipiente de água salgada.

A água de alta pressão no recipiente de água salgada passa através do tubo, movendo a turbina para gerar eletricidade.

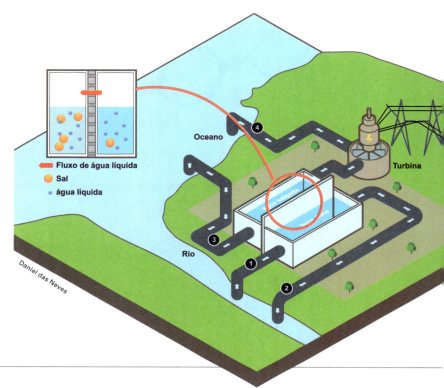

### Questão 1

Quatro locais na usina elétrica foram numerados. A água é bombeada do rio para o local 1.

Em quais locais as moléculas de água que vêm do rio poderão ser encontradas na sequência do processo?

( ) Local 2
( ) Local 3
( ) Local 4

_____
_____
_____
_____

### Questão 2

Várias conversões de energia ocorrem dentro de uma usina elétrica. Que tipo de conversão de energia ocorre na turbina e no gerador? Relacione as colunas de forma que completem as lacunas.

A turbina e o gerador convertem:

Energia _____ em energia

_____.

Circule as palavras corretas:

a) cinética            I) cinética
b) potencial           II) potencial
c) gravitacional       III) gravitacional
d) elétrica            IV) elétrica

## Óculos ajustáveis

### Visão geral da unidade

Esta unidade descreve um tipo novo de óculos que utiliza fluido para ajustar a forma das lentes. Os estudantes devem investigar o efeito dos ajustes das lentes na visão de três pessoas: uma com visão normal, uma com hipermetropia (enxerga os objetos de longe nitidamente, mas objetos próximos aparecem desfocados) e outra com miopia (enxerga os objetos de perto nitidamente, mas objetos distantes aparecem desfocados).

Uma nova tecnologia, chamada óculos ajustáveis, tem sido desenvovida para ajudar pessoas sem acesso aos oftalmologistas a corrigir sua visão. As lentes desses óculos contêm um fluido. O formato das lentes muda à medida que a quantidade de fluido nas lentes é ajustada.

### Questão 1

A ideia de lentes ajustáveis não é nova. O cristalino do olho humano é também um tipo de lente ajustável.

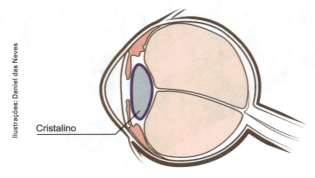

O formato do cristalino é ajustável pela ação muscular. Por que é importante que o cristalino mude de formato?

a) Para enxergar melhor objetos que tenham diferentes brilhos.
b) Para enxergar melhor objetos que tenham diferentes cores.
c) Para enxergar melhor objetos que estejam em diferentes distâncias.
d) Para enxergar melhor objetos que tenham diferentes tamanhos.

_____
_____
_____
_____

### Questão 2

Como o acréscimo de fluido afeta o formato das lentes dos óculos?

Quando o fluido é acrescentado à lente plana, os lados das lentes se curvam _____ (para fora/para dentro) porque a força resultante exercida pelo fluido sobre os lados da lente é _____ (maior/menor).

Uma visão lateral dos óculos ajustáveis é mostrada abaixo. O formato inicial das lentes é plano.

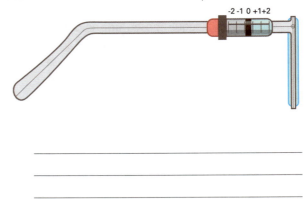

_____
_____
_____
_____
_____

## B) SEÇÃO DE PROBLEMAS FECHADOS

### 1. Métodos científicos – precisão de medidas

Esta seção enfatiza a maneira universalmente adotada pela comunidade científica para medir grandezas físicas. Baseia-se no fato de que os instrumentos de medida têm seus limites no quesito precisão. Assim, toda medida deve ser feita apresentando algarismos correspondentes às divisões que o aparelho tem acrescentando um único algarismo estimado relativo à primeira divisão que o aparelho não tem. O algarismo correspondente a essa divisão é o chamado algarismo duvidoso e os demais são os algarismos corretos. O conjunto dos algarismos corretos e o duvidoso são os algarismos significativos de cada medida. É dada aqui, também, ênfase às grandezas escalares e vetoriais, bem como a identificação de características das relações que exprimem as grandezas físicas.

**1.** (FGV-SP) Analise as afirmações.

I) Massa, carga elétrica, temperatura e densidade são algumas das várias grandezas físicas escalares que dispensam as noções de direção e sentido.

II) Campos gravitacional, elétrico e magnético são grandezas vetoriais que caracterizam determinada propriedade física dos pontos de uma região.

III) O estudo das ondas em Física pode ser feito dispensando a aplicação de grandezas vetoriais.

É correto o que se afirma apenas em

a) I.
b) II.
c) I e II.
d) I e III.
e) II e III.

---

**2.** (FGV-SP) A força de resistência do ar é um fator relevante no estudo das quedas dos corpos sob ação exclusiva da gravidade. Para velocidades relativamente baixas, da ordem de metros por segundo, ela depende diretamente da velocidade (v) de queda do corpo e da área efetiva (A) de contato entre o corpo e o ar. Sua expressão, então, é dada por $F_{ar} = K \cdot A \cdot v$, onde K é uma constante que depende apenas da forma do corpo. Em função das grandezas primitivas da mecânica (massa, comprimento e tempo) a unidade de K, no SI, é

a) $kg \cdot m^{-1} \cdot s^{-1}$.
b) $kg \cdot m^{-2} \cdot s^{-1}$.
c) $kg \cdot m \cdot s^{-1}$.
d) $kg \cdot m \cdot s^{-2}$.
e) $kg \cdot m \cdot s^{-2}$.

---

**3.** (FGV-SP) Na função horária $S = B \cdot t^2 + A$, em que $S$ representa as posições ocupadas por um móvel sobre uma trajetória retilínea em função do tempo $t$, as constantes A e B têm, respectivamente, unidades de medida de

a) velocidade final e aceleração.
b) posição inicial e aceleração.
c) posição inicial e velocidade final.
d) aceleração e velocidade inicial.
e) posição e velocidade iniciais.

---

**4.** (FGV-SP) A medida de certo comprimento foi apresentada com o valor $2,954 \cdot 10^3$ m. Levando-se em conta a teoria dos algarismos significativos, essa medida foi feita com um instrumento cuja menor divisão era o

a) quilômetro.
b) hectômetro.
c) decâmetro.
d) metro.
e) decímetro.

---

**5.** (FGV-SP) A figura mostra o painel de instrumentos de um automóvel em movimento. Os maiores medidores são: à esquerda o tacômetro (conta-giros do motor) e à direita o velocímetro.

Levando-se em conta a precisão de medidas, as corretas leituras do tacômetro, em rpm $\times$ 1000, e do velocímetro, em km/h, são, respectivamente,

a) 3,7 e 39,0.
b) 3,7 e 39,5.
c) 3,8 e 39.
d) 3,80 e 39.
e) 3,80 e 39,0.

---

**6.** (UEA-AM) Em um laboratório científico uma pessoa deseja medir a massa e o volume de certa amostra de líquido, para determinar sua densidade. Para tanto, ela dispõe de uma balança graduada em gramas (menor divisão: 1 g) e uma proveta graduada em mililitros (menor divisão: 1 mL). Usando tais medidores, a correta leitura das grandezas citadas para a amostra e o valor da respectiva densidade são:

a) 45 g, 59 mL e 0,76 g/mL.
b) 45 g, 59,2 mL e 0,76 g/mL.
c) 45,1 g, 59 mL e 0,762 g/mL.
d) 45,1 g, 59,2 mL e 0,762 g/mL.
e) 45,10 g, 59,20 mL e 0,7618 g/mL.

**7.** (UFPE) Um fio metálico e cilíndrico é percorrido por uma corrente elétrica constante de 0,4 a. Considere o módulo da carga do elétron igual a 1,6 · 10⁻¹⁹ C. Expressando a ordem de grandeza do número de elétrons de condução que atravessam uma seção transversal do fio em 60 segundos na forma $10^N$, qual o valor de N?

_____
_____
_____
_____

**8.** (UFPE) Em 2013, os experimentos com colisões entre prótons no acelerador de partículas LHC levaram à descoberta do bóson de Higgs, partícula associada à origem da massa das demais partículas. Em um experimento no LHC, ocorrem cerca de 600 milhões de colisões entre prótons a cada segundo. Seja $10^N$ a ordem de grandeza do número de colisões que ocorrem em 10 horas. Qual é o valor de N?

_____
_____
_____
_____
_____

## 2. Cinemática – retilínea, curvilínea, escalar, vetorial

Nesta seção, são contemplados exercícios relativos à cinemática tanto escalar quanto vetorial. Para isso, você dispõe das expressões que regem os movimentos uniformes ($p = p_0 + v \cdot t$), os movimentos uniformemente variados $\left(p = p_0 + v_0 \cdot t + \dfrac{(a \cdot t^2)}{2}, v = v_0 + a \cdot t, v^2 = v_0^2 + 2 \cdot a \cdot \Delta p\right)$, além das definições de velocidade média $\left(v_m = \dfrac{\Delta p}{\Delta t}\right)$ e aceleração média $\left(a_m = \dfrac{\Delta v}{t}\right)$.

Nos gráficos horários das posições, a declividade da reta ou curva, em certo instante, tem o significado físico da velocidade instantânea; nos gráficos horários das velocidades, a declividade da reta ou curva, em certo instante, tem o significado físico da aceleração instantânea e a área entre a curva e o eixo dos tempos tem o significado físico do deslocamento linear ou espaço percorrido pelo móvel considerado. Tal área no gráfico da aceleração tem o significado físico da variação da velocidade.

### Cinemática escalar

**1.** (FGV-SP) Um carro deslocou-se por uma trajetória retilínea e o gráfico qualitativo de sua velocidade (v), em função do tempo (t), está representado na figura.

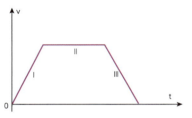

Analisando o gráfico, conclui-se corretamente que

a) o carro deslocou-se em movimento uniforme nos trechos I e III, permanecendo em repouso no trecho II.

b) o carro deslocou-se em movimento uniformemente variado nos trechos I e III, e em movimento uniforme no trecho II.

c) o deslocamento do carro ocorreu com aceleração variável nos trechos I e III, permanecendo constante no trecho II.

d) a aceleração do carro aumentou no trecho I, permaneceu constante no trecho II e diminuiu no trecho III.

e) o movimento do carro foi progressivo e acelerado no trecho I, progressivo e uniforme no trecho II, mas foi retrógrado e retardado no trecho III.

_____
_____
_____
_____
_____
_____
_____
_____

**2.** (USCS-SP) A figura ilustra o gráfico da velocidade, em função do tempo, do movimento de subida do elevador de um hospital, desde sua partida do repouso, no térreo, até sua parada em determinado andar.

A velocidade média desse elevador nesse movimento é, em m/s, igual a

a) 1,5.   c) 1,8.   e) 2,0.
b) 1,7.   d) 1,9.

22  Caderno de revisão

(Unicid-SP) **Instrução:** Para responder às questões 3 e 4 analise o gráfico que ilustra o comportamento da velocidade (v) de um automóvel durante uma frenagem em linha reta, em função do tempo (t).

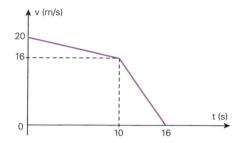

**3.** O espaço, em metros, que o automóvel percorreu no intervalo de tempo total foi de

a) 158.   c) 188.   e) 228.
b) 176.   d) 206.

**4.** O valor absoluto da aceleração média, em m/s², experimentada por esse veículo durante a frenagem toda foi próxima de

a) 0,80.   c) 1,3.   e) 1,8.
b) 1,0.    d) 1,6.

**5.** (FGV-SP) Um paraquedista salta de uma altura de 325 m. Durante os primeiros 5,0 s ele cai em queda livre, praticamente sem interferência do ar; em seguida ele abre o paraquedas e seu movimento passa a ser uniforme, após brusca diminuição de velocidade, como indica o gráfico da velocidade em função do tempo.

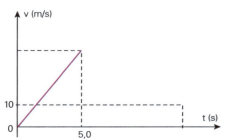

Considere o movimento de queda vertical e retilíneo e a aceleração da gravidade de 10 m/s². O tempo total de movimento, até a chegada do paraquedista ao solo, será de

a) 20,0 s.
b) 25,0 s.
c) 28,0 s.
d) 30,0 s.
e) 35,0 s.

**6.** (Unicid-SP) Em um parque de diversões uma criança se solta de um tablado e cai verticalmente sobre uma cama elástica. A cama elástica rebate a criança para cima, lançando-a até que ela atinja o nível do tablado novamente. Considerando o sistema conservativo, o par de gráficos que melhor representa, qualitativamente, as posições (S) e as respectivas velocidades (v) da criança, em função do tempo (t), são os da alternativa

a)

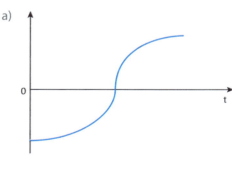

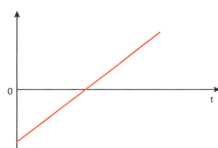

b)
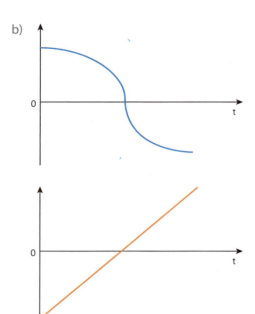

c)
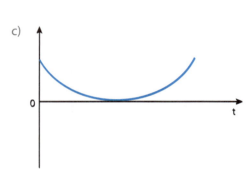

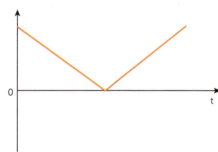

d)
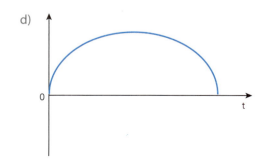

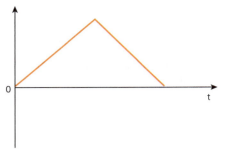

e)
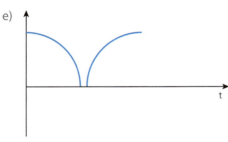

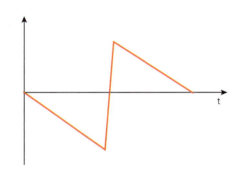

**7.** (FGV-SP) Um veículo desloca-se por uma pista horizontal, retilínea nos trechos AB, CD e DE, e curvilínea no trecho BC, este em forma de quarto de circunferência, como ilustra a figura.

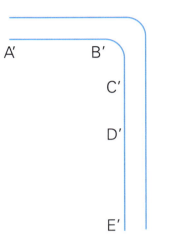

Partindo do repouso no ponto A, o referido veículo aumenta sua velocidade uniformemente até o ponto B; a partir de B ele mantém constante a velocidade adquirida até o ponto D; de D até E ele reduz uniformemente a velocidade até parar em E. O valor absoluto de sua aceleração vetorial está qualitativa e corretamente representado na alternativa

a)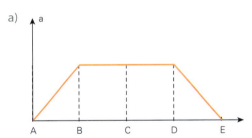

b)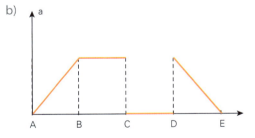

c)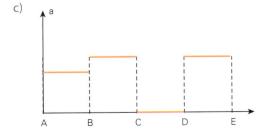

d)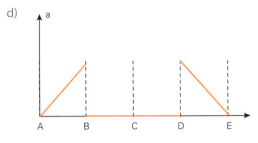

e)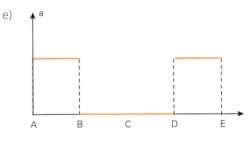

**8.** (UFPE) Uma viagem de automóvel da cidade A para a cidade B foi realizada em duas etapas. A primeira etapa, que correspondeu a $\frac{3}{4}$ do percurso total, foi percorrida com velocidade média $v_1 = 80$ km/h. Devido a um acidente, ocorreu um engarrafamento e a etapa complementar, correspondente a $\frac{1}{4}$ do percurso total, foi realizada com velocidade média $v_2 = 40$ km/h. Calcule a velocidade média do automóvel para o percurso total de A até B, em km/h.

a) 54
b) 64
c) 74
d) 84
e) 94

## Cinemática vetorial

**9.** (Unicid-SP) Passeando de veleiro por um largo canal marítimo, o comandante da embarcação pretende navegar no sentido norte. Está soprando um vento no sentido nordeste, de intensidade 2,0 nós, a 45° com o leste, mas, simultaneamente há uma correnteza de 1,5 nó no sentido sudeste, a 45° com o sul. O barco dispõe de um motor de popa capaz de oferecer a velocidade máxima de 3,5 nós. Analise as afirmações.
I) Pela ação apenas do vento e da correnteza o barco se deslocará com a velocidade de 2,5 nós, exatamente no sentido leste.
II) Para conseguir seu intento, o comandante deverá ligar o motor a plena potência e apontar a proa no sentido norte.
III) O comandante poderá apontar a proa para um determinado sentido entre o norte e o oeste e assim conseguirá atingir seu intento, desde que ajuste a velocidade do motor.

É correto o que se afirma apenas em
a) I.   b) II.   c) III.   d) I e III.   e) II e III.

**10.** (FGV-SP) A figura ilustra os vetores velocidade (v) e aceleração resultante (a) de um veículo que passa pelo ponto S da estrada PR.

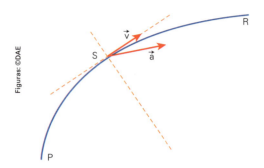

Esse veículo, nesse instante, está descrevendo um movimento
a) curvilíneo e acelerado.
b) curvilíneo e retardado.
c) curvilíneo e uniforme.
d) retilíneo e acelerado.
e) retilíneo e retardado.

**11.** (FMJ-SP) Ao se deslocar de sua casa (C) para a faculdade (F), João Carlos faz o percurso esquematizado na figura, em que aparecem as velocidades vetoriais de partida ($v_c$) e de chegada ($v_F$) de seu movimento. Ambas as velocidades têm o mesmo módulo.

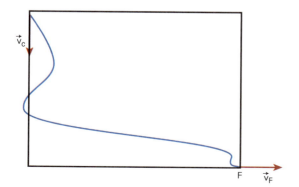

A aceleração vetorial média do movimento de João Carlos nesse percurso mais bem representada por

a)
b)
c)
d)
e) um vetor nulo.

___

**12.** (FGV-SP) Um avião decola de um aeroporto e voa 100 km durante 18 min no sentido leste; a seguir, seu piloto aponta para o norte e voa mais 400 km durante 1 h; por fim, aponta para o oeste e voa os últimos 50 km, sempre em linha reta, em 12 min, até pousar no aeroporto de destino. O módulo de sua velocidade vetorial média nesse percurso todo terá sido, em km/h, de aproximadamente

a) 200.
b) 230.
c) 270.
d) 300.
e) 400.

___

## Cinemática linear e angular

**13.** (FMJ-SP) A furadeira é um equipamento de larga utilização em cirurgias, nas mais diversas especialidades da medicina. Considere uma furadeira cuja broca, de 0,5 mm de diâmetro, gire com frequência de 3 000 rpm. A velocidade escalar de um ponto periférico desta broca é, em m/s, de (adote $\pi = 3$)

a) $1,5 \cdot 10^{-1}$.
b) $1,5 \cdot 10^{-2}$.
c) $6,0 \cdot 10^{-1}$.
d) $6,0 \cdot 10^{-2}$.
e) $7,5 \cdot 10^{-2}$.

___

**14.** (Fameca-SP) As rodas do automóvel da figura têm, junto com os pneus, 40 cm de diâmetro. Ele é acelerado, a partir do repouso, por uma trajetória horizontal e circular, de raio 240 m, descrevendo um ângulo central de 90° em 20 s.

Despreze as dimensões do automóvel e qualquer espécie de derrapagem das rodas; use $\pi = 3$ e calcule

a) o número de voltas efetuadas por cada roda.
b) a aceleração tangencial e a velocidade final do automóvel, expressas em unidades do SI.

___

**15.** (Unicid-SP)

A bicicleta infantil da figura tem rodas de raio 20,0 cm e rodinhas auxiliares, presas ao centro da roda traseira, de raio 5,0 cm. Se uma criança percorrer 600 m com a bicicleta, em linha reta, supondo que não haja derrapagem nem bloqueio de qualquer roda, e adotando $\pi \cong 3$, o número de voltas que cada roda, a grande da própria bicicleta, e a rodinha auxiliar, respectivamente, completarão nesse deslocamento será de

a) 500 e 2 000.
b) 500 e 20 000.
c) 250 e 1 000.
d) 50 e 1 000.
e) 50 e 200.

**16.** (Unicid-SP)

As rodas da bicicleta da figura têm o diâmetro externo de 64 cm.

Ao percorrer 6,2 km por uma ciclovia, sem que ocorram derrapagens, a válvula de calibragem de pneu terá dado cerca de *n* voltas, com *n* valendo (dado: $\pi = 3,1$)

a) 1565.
b) 3125.
c) 5215.
d) 6250.
e) 12500.

### Lançamentos oblíquos

**17.** (Fameca-SP) Em um laboratório de balística há uma esteira movida por dois cilindros de 25 cm de diâmetro cada, um dos quais é coaxial e solidário com um motor elétrico M. Os projéteis são colocados na esteira e lançados a partir do seu ponto superior P, localizado a 50 m acima do nível do solo. Nesse ponto a inclinação da esteira com a horizontal é $\alpha$ (sen $\alpha = 0,6$ e cos $\alpha = 0,8$) e a velocidade de lançamento $v_0$ dos projéteis é de 90 km/h. A figura mostra o esquema fora de escala.

Desprezando a resistência do ar, adotando $\pi = 3$ e o valor de 10 m/s² para a aceleração da gravidade, calcule

a) a frequência de giro do motor, em Hz.
b) o alcance atingido pelos projéteis no solo, medido a partir do pé da vertical de lançamento.

## 3. Dinâmica

### Força

Nesta seção você deverá utilizar as leis de Newton, a decomposição de forças em direções paralela e perpendicular à do movimento do corpo e as leis do atrito de deslizamento entre corpos sólidos bem como entre corpos em movimento e o ar.

**1ª lei de Newton:** "Um corpo não altera por si só seu estado de repouso ou de movimento retilíneo e uniforme". Em outras palavras: "Sobre um corpo em equilíbrio, estático ou dinâmico, a resultante das forças agentes é nula".

**2ª lei de Newton:** "A força resultante sobre um corpo é proporcional à aceleração. Tal constante de proporcionalidade é denominada massa inercial". Ou de maneira simbólica: $F_{res} = m \cdot a$.

**3ª lei de Newton:** "Se um corpo A age sobre outro, B, através de uma força, o corpo B reage sobre A com uma força de mesmas intensidade e direção mas de sentido oposto".

Leis do atrito de deslizamento: A força de atrito sobre um corpo é proporcional à força normal agente sobre ele. A constante de proporcionalidade é denominada coeficiente de atrito e depende das duas superfícies em contato, não dependendo da área em contato na maioria das situações. Simbolicamente, $F_{at} = \mu N$. Para o atrito com o ar a força resistiva é proporcional ou à velocidade ou ao quadrado da velocidade, dependendo do valor da velocidade, e depende da área exposta ao atrito perpendicular ao movimento.

$$F_r = k \cdot A \cdot v \text{ ou } F_r = k \cdot A \cdot v^2$$

**1.** (FGV-SP) Quanto às leis de Newton, suas aplicações e consequências, afirma-se:

I) Se um corpo está sob a ação de duas forças de mesma intensidade, então, ele deve estar em equilíbrio.

II) Se o motor de um barco exerce sobre a água de um rio uma força de mesma intensidade que a correnteza exerce sobre ele no sentido oposto, ele deve permanecer em repouso em relação à margem.

III) Ao subir o trecho de serra da rodovia dos Imigrantes, um veículo recebe, da pista, uma força perpendicular ao seu movimento, de intensidade menor que o seu peso.

É correto o que se afirma apenas em

a) I.   c) III.   e) I e III.
b) II.  d) I e II.

**2.** (FMJ-SP) Um avião, de massa m, está decolando inclinado de um ângulo α com a horizontal, com velocidade constante. A aceleração da gravidade local é g. Para continuar subindo nessas condições, a força resultante sobre o avião deverá ter intensidade igual a

a) m · g.   d) m · g · cos α.
b) m · g · sen α.   e) m · g · tg α.
c) zero.

**3.** (Ufscar-SP) A figura mostra uma roda de automóvel, em que se destaca um pequeno bloco de chumbo preso à periferia da roda. A função desse bloco é a de balancear a roda, tornando homogênea a distribuição de sua massa, o que garante uma rodagem lisa, sem trepidações e, por conseguinte, mais segura.

Bloco de chumbo

Durante o deslocamento do automóvel em movimento retilíneo e uniforme, e em relação a um referencial preso ao automóvel, este bloco estará sujeito a uma força

a) de intensidade nula.
b) constante em intensidade e direção.
c) constante em intensidade e sentido.
d) de intensidade variável, apenas.
e) variável em intensidade e direção.

**4.** (FMJ-SP) O automóvel da figura, de peso **P,** sobe a rampa retilínea AB, de comprimento **d** e inclinação α com a horizontal, em movimento uniforme. Durante o percurso, seu motor desenvolve uma potência média **Pot**. Há atrito entre os pneus e a pista e entre os demais fatores que impõem resistência ao movimento, resultando num coeficiente μ.

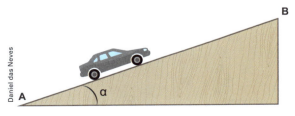

Determine, em função do

a) peso **P**, do coeficiente de atrito **μ** e funções trigonométricas de **α**, a expressão da força motriz (**F$_m$**) exercida pelo motor do automóvel enquanto percorre o trecho **d**.

b) deslocamento **d**, da potência média **Pot** e da força motriz **F$_m$**, o intervalo de tempo (**Δt**) que o automóvel gasta para percorrer o trecho **d**.

_____
_____
_____
_____

**5.** (Unicid-SP) Nos parques de diversões, o chapéu mexicano é uma espécie de carrossel onde as pessoas descrevem movimentos circulares uniformes (MCU) sentadas em cadeiras suspensas por cordas, presas numa roda que gira horizontalmente, como mostra a figura.

Durante o MCU o esquema das forças atuantes em um dos trechos sobre cada pessoa, considerada um ponto material e desprezada a resistência do ar, é o da alternativa

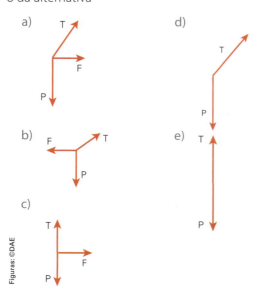

**6.** (Unicid-SP) Em laboratórios de análises clínicas, vários tipos de exame utilizam centrífugas para promover determinadas reações. Tubos de ensaio, contendo amostra de material de análise, são presos próximos à boca em anéis que se encontram em pontos periféricos da máquina, e postos a girar em movimento circular e uniforme com liberdade de se inclinarem durante o movimento. Adotando um referencial inercial, as forças que agem sobre cada amostra considerada como um ponto material depositado no fundo de cada tubo de ensaio, estão corretamente representadas na alternativa

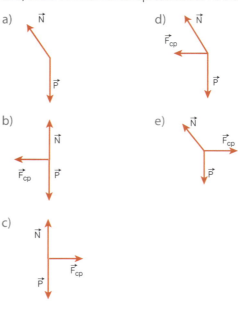

_____
_____
_____
_____

**7.** (FGV-SP) Em um dia muito chuvoso, um automóvel, de massa m, trafega por um trecho horizontal e circular de raio R. Prevendo situações como essa, em que o atrito dos pneus com a pista praticamente desaparece, a pista é construída com uma sobre-elevação externa de um ângulo α como mostra a figura. A aceleração da gravidade no local é g.

A máxima velocidade que o automóvel tido como ponto material poderá desenvolver nesse trecho, considerando ausência total de atrito, sem derrapar, é dada por

a) $\sqrt{m \cdot g \cdot R \cdot \text{tg}\,\alpha}$

b) $\sqrt{m \cdot g \cdot R \cdot \cos\alpha}$

c) $\sqrt{g \cdot R \cdot \text{tg}\,\alpha}$

d) $\sqrt{g \cdot R \cdot \cos\alpha}$

e) $\sqrt{g \cdot R \cdot \text{sen}\,\alpha}$

8. (UFPE) Um "*hovercraft*" é um veículo que se move mantido suspenso por um colchão de ar. O colchão de ar minimiza o atrito entre o veículo e o solo. Considere um "*hovercraft*" de massa $m = 700$ kg. Qual deve ser, aproximadamente, o módulo da força produzida por seu motor para que o veículo se mantenha suspenso em repouso com relação a vertical e em movimento uniformemente variado na direção horizontal, com aceleração $a = 5{,}7$ m/s². (Dado: considere $g = 10$ m/s²)

a) 5000 N
b) 6000 N
c) 7000 N
d) 8000 N
e) 9000 N

9. (FGV-SP) A figura representa dois alpinistas A e B, em que B, tendo atingido o cume da montanha, puxa A por uma corda, ajudando-o a terminar a escalada. O alpinista A pesa 1000 N e está em equilíbrio na encosta da montanha, com tendência de deslizar num ponto de inclinação de 60° com a horizontal (sen 60° = 0,87 e cos 60° = 0,50); há atrito de coeficiente 0,1 entre os pés de A e a rocha. No ponto P, o alpinista fixa uma roldana que tem a função exclusiva de desviar a direção da corda.

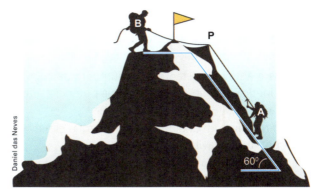

A componente horizontal da força que B exerce sobre o solo horizontal na situação descrita, tem intensidade, em N,

a) 380.
b) 430.
c) 500.
d) 820.
e) 920.

## Trabalho e energia

Trabalho e energia são dois conceitos importantíssimos em Física, e na ciência de modo geral. Os agentes que realizam trabalhos são as forças, e para forças constantes, pode-se escrever o trabalho como o produto da intensidade da componente da força na direção do movimento, pelo deslocamento realizado pelo corpo sobre o qual a força atua ($\tau = F \cdot d \cdot \cos\alpha$). No gráfico da intensidade dessa componente, em função do deslocamento, a área sob a curva dessa intensidade e o eixo dos deslocamentos tem o significado físico do trabalho realizado por essa força.

A energia mecânica é dada pela soma das energias cinética e potencial do corpo que se movimenta. Assim,

$E_{\text{mec}} = E_{\text{cin}} + E_{\text{pot}}$

$E_{\text{cin}} = \dfrac{mv^2}{2}$

$E_{\text{potgrav}} = m \cdot g \cdot h$

$E_{\text{potelás}} = \dfrac{k \cdot x^2}{2}$.

A energia mecânica dos corpos se mantém constante na ausência de agentes externos e é alterada por estes agentes quando atuam sobre os corpos.

**10.** (Ufscar-SP) Um homem manejou seu trator descendo por uma estrada retilínea. Ele observou que, mesmo acionando os freios, o trator manteve constante sua velocidade durante o deslocamento. É correto afirmar que, entre os pontos inicial e final do deslocamento, a energia mecânica do trator

a) se manteve constante, com aumento da energia cinética e diminuição da energia potencial gravitacional.
b) diminuiu com diminuição das energias cinética e potencial gravitacional.
c) diminuiu com diminuição da energia potencial gravitacional e manutenção da energia cinética.
d) aumentou pois o aumento da energia cinética foi maior do que a diminuição da energia potencial gravitacional
e) aumentou pois a diminuição da energia potencial gravitacional foi menor do que a manutenção da energia cinética.

**11.** (FGV-SP) Um carro, de massa 1000 kg, passa pelo ponto superior A de um trecho retilíneo mas inclinado de certa estrada, a uma velocidade de 72 km/h. O carro se desloca no sentido do ponto inferior B, 100 m abaixo de A, e passa por B a uma velocidade de 108 km/h.

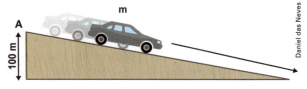

A aceleração da gravidade local é de 10 m/s². O trabalho realizado pelas forças dissipativas sobre o carro em seu deslocamento de A para B vale, em joules,

a) $1,0 \cdot 10^5$
b) $7,5 \cdot 10^5$
c) $1,0 \cdot 10^6$
d) $1,7 \cdot 10^6$
e) $2,5 \cdot 10^6$

**12.** (UFPE) Um objeto com massa igual a 1,0 kg é lançado para cima na direção vertical com velocidade inicial $v_0$ = 10 m/s. Quando ele retorna ao ponto de partida, a sua velocidade tem módulo 8,0 m/s. Calcule o módulo do trabalho realizado pela força de resistência do ar, em joules, ao longo de todo o trajeto do objeto.

**13.** (Fameca-SP) A rodovia dos Imigrantes tem, na pista de descida da Serra do Mar, 3 túneis sequenciais com poucas curvas de grande raio. O desnível entre os pontos de entrada e de saída dos túneis é de cerca de 600 m. A velocidade máxima ali permitida é de 80 km/h, o que garante boas condições de segurança aos seus usuários. Um carro, de massa total 1500 kg, percorre integralmente esse trecho com a máxima velocidade permitida. A aceleração da gravidade local é admitida com o valor 10 m/s². Determine

a) o trabalho realizado pela força peso do carro.
b) o trabalho realizado pela resultante das forças dissipativas que atuam sobre o carro.

**14.** (Unicid-SP) Em uma montanha-russa, um carro com passageiros parte do repouso no ponto superior da pista a 24 m de altura do solo horizontal e, após uma curta viagem, chega ao nível do solo, sendo amortecido em um tanque com água, parando em seguida. Desprezando a ação de agentes dissipativos no percurso, e adotando 10 m/s² o valor da aceleração da gravidade, a velocidade com que o carro chega ao nível do solo antes do amortecimento provocado pela água

a) é de 7 m/s, aproximadamente.
b) é de 22 m/s, aproximadamente.
c) é de 48 m/s, aproximadamente.
d) depende da massa do carro com os passageiros.
e) depende apenas da massa dos passageiros.

**15.** (UEA-AM) O maquinista de certo vagonete, em deslocamento por trilhos horizontais e retilíneos, percebe que está sem freios, deslizando, sem atrito, de encontro à mola retentora localizada no fim da linha. A constante de elasticidade da mola vale $1,0 \cdot 10^3$ N/m. A figura ilustra o comportamento da velocidade do vagonete nos últimos 6,0 s de movimento, sendo que o encontro com a mola ocorre no instante 5,0 s.

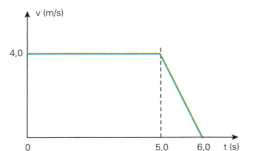

No intervalo de tempo mostrado, a velocidade média do vagonete, em m/s, e a máxima intensidade, em N, da força aplicada pela mola sobre o vagonete valem, respectivamente,

a) 2,6 e $1,0 \cdot 10^5$
b) 3,3 e $2,0 \cdot 10^3$
c) 3,7 e $2,0 \cdot 10^3$
d) 3,9 e $1,0 \cdot 10^3$
e) 4,0 e $1,0 \cdot 10^4$

(FGV-SP) O texto seguinte refere-se às questões 16 e 17.

Em alguns países da Europa, os radares fotográficos das rodovias, além de detectarem a velocidade instantânea dos veículos, são capazes de determinar a velocidade média desenvolvida pelos veículos entre dois radares consecutivos.

Considere dois desses radares instalados em uma rodovia retilínea e horizontal. A velocidade instantânea de certo automóvel, de 1500 kg de massa, registrada pelo primeiro radar foi de 72 km/h. Um minuto depois, o radar seguinte acusou 90 km/h para o mesmo automóvel.

**16.** Com a velocidade crescendo de modo constante, em função do tempo, é correto afirmar que a distância entre os dois radares é de

a) 450 m.
b) 675 m.
c) 925 m.
d) 1,075 km.
e) 1,350 km.

**17.** O trabalho realizado pela resultante das forças agentes sobre o automóvel foi, em joules, mais próximo de

a) $1,5 \cdot 10^4$
b) $5,2 \cdot 10^4$
c) $7,5 \cdot 10^4$
d) $1,7 \cdot 10^5$
e) $3,2 \cdot 10^5$

**18.** (Unicid-SP) Em setembro de 2012 houve um acidente envolvendo mais de 250 veículos num trecho horizontal e retilíneo da rodovia dos Imigrantes. A causa principal do acidente foi um intenso nevoeiro. Imagine um automóvel, de massa m, viajando por esse trecho a uma velocidade v, cujo motorista percebe outro veículo parado a uma distância d naquele instante. A energia mecânica dissipada por esse automóvel para evitar a colisão deverá ser no mínimo

a) $m \cdot v \cdot d$
b) $m \cdot v \cdot d^2$
c) $m \cdot v^2 \cdot d$
d) $\dfrac{m \cdot v^2}{2}$
e) $m \cdot v^2$

**19.** (FGV-SP) A montadora de determinado veículo produzido no Brasil, apregoa que a potência do motor que equipa o carro é de 100 HP (1 HP ≅ 750 W). Em uma pista horizontal e retilínea de provas, esse veículo, partindo do repouso, atingiu a velocidade de 144 km/h em 20 s. Sabendo que a massa do carro é de 1000 kg, o rendimento desse motor, nas condições acima expostas, é próximo de

a) 30%.  c) 45%.  e) 53%.
b) 38%.  d) 48%.

_____

_____

**20.** (USCS-SP) Em um parque de diversões, um menino resolve brincar escorregando por um tobogã (fig. 1), em seguida por um escorregador retilíneo (fig. 2) e, finalmente, subindo verticalmente por uma parede usando uma corda (fig. 3). Os pontos extremos superiores dos três dispositivos estão em um mesmo nível em relação ao solo, onde estão os respectivos extremos inferiores. Há atrito entre o menino e os dispositivos deslizantes. O comprimento do tobogã é maior do que o do escorregador. O menino se desloca de um extremo ao outro em cada um dos dispositivos.

Designando por $\tau_1$, $\tau_2$ e $\tau_3$ os trabalhos realizados pela força peso do menino nos respectivos deslocamentos, a correta relação entre esses trabalhos é

a) $\tau_1 \tau_2 > |\tau_3|$
b) $\tau_1 \tau_2 < |\tau_3|$
c) $\tau_1 \tau_2 = |\tau_3|$
d) $\tau_1 = \tau_2 > |\tau_3|$
e) $\tau_1 = \tau_2 = |\tau_3|$

_____

_____

## Momento linear – colisões mecânicas

O momento linear, ou quantidade de movimento linear de um corpo ou sistema de corpos é definido pelo produto da massa do corpo ou sistema pela velocidade linear do mesmo ($Q = m \cdot v$).

O princípio da conservação do momento ou quantidade de movimento linear é aplicado no estudo das colisões ou choques mecânicos entre os corpos de um sistema isolado: "Um sistema isolado mantém sua quantidade de movimento constante".

($Q_{antes} = Q_{depois} \Rightarrow m_A \cdot v_A + m_B \cdot v_B = m_A \cdot v_A' + m_B \cdot v_B'$)

Qualquer colisão entre corpos de um sistema isolado obedece ao princípio acima enunciado, mas nem todas as colisões conservam a energia cinética do sistema. Apenas as colisões ideais, perfeitamente elásticas, conservam a energia. As demais, parcialmente ou totalmente inelásticas, dissipam a energia cinética na forma de som e/ou calor.

**21.** (Ufscar-SP) Em seus momentos de folga, algumas pessoas gostam de jogar sinuca, ou bilhar. Imagine uma mesa própria para esse jogo, com seu tampo disposto horizontalmente, em que um jogador lança uma bola sobre outra idêntica, esta em repouso. O ruído provocado pela colisão entre as bolas é ouvido por todos os presentes. É correto afirmar que, nessa colisão, ocorre conservação de momento linear

a) de cada bola, mesmo com dissipação de energia mecânica provocada pelo ruído.
b) de cada bola, apenas se a colisão for frontal, mesmo com dissipação de energia mecânica provocada pelo ruído.
c) de cada bola, apenas se a colisão for frontal e não houver dissipação de energia mecânica provocada pelo ruído.
d) do sistema de bolas, apenas se a colisão for frontal e não houver dissipação de energia mecânica provocada pelo ruído.
e) do sistema de bolas, seja em colisão frontal ou lateral, mesmo com dissipação de energia mecânica provocada pelo ruído.

_____

_____

_____

_____

**22.** (FGV-SP) Na loja de um supermercado, uma cliente lança seu carrinho com compras, de massa total 30 kg, em outro carrinho vazio, parado e de massa 20 kg. Ocorre o engate entre ambos e, como consequência do engate, o conjunto dos carrinhos percorre 6,0 m em 4,0 s, perdendo velocidade de modo uniforme até parar. O sistema de carrinhos é considerado isolado durante o engate. A velocidade do carrinho com compras imediatamente antes do engate era, em m/s, de

a) 5,0.   c) 6,0.   e) 7,0.
b) 5,5.   d) 6,5.

**23.** (Unicid-SP)

Considere dois carros elétricos como o da figura, popularmente conhecidos como carrinho bate-bate, de massa 50 kg cada um, deslocando-se sobre uma pista horizontal, em sentidos contrários, formando um sistema isolado. Um deles é dirigido por uma garota de 40 kg de massa a 5 km/h, e o outro dirigido por um rapaz de 70 kg de massa. Após a colisão, totalmente inelástica, eles param. A velocidade do carro com o rapaz antes da colisão era, em km/h, mais próxima de

a) 2,5.   c) 3,8.   e) 4,7.
b) 3,0.   d) 4,2.

**24.** (FGV-SP) Em algumas estações de trem há rígidas molas no fim dos trilhos com a finalidade de amortecer eventual colisão de um trem, cujo maquinista não consiga pará-lo corretamente junto a plataforma. Certa composição, de massa total 2m, parada bem próximo à mola de constante k, recebe um impacto de outra composição, de massa m, vindo a uma velocidade v, e que acaba engatando na primeira. Ambas vão comprimir a mola, causando-lhe uma deformação máxima x ao pararem instantaneamente, como mostram os esquemas.

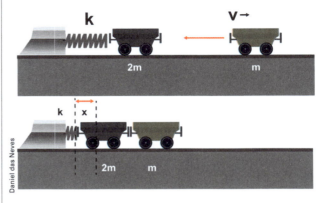

Desprezando a ação de agentes externos e dissipativos, a expressão de x, em função de k, m e v será

a) $x = \dfrac{(m \cdot v)}{(3 \cdot k)}$

b) $x = \dfrac{(m \cdot v^2)}{(3 \cdot k)}$

c) $x = \left(\dfrac{v}{3}\right) \cdot \sqrt{\left(\dfrac{m}{k}\right)}$

d) $x = v \cdot \sqrt{\left(\dfrac{3 \cdot m}{k}\right)}$

e) $x = v \cdot \sqrt{\dfrac{m}{(3k)}}$

**25.** (UFTM-MG) No interior de uma espingarda de brinquedo há uma mola, de constante elástica K, situada na extremidade interna do cano da espingarda e deformada de uma compressão x. Tal mola deve impulsionar, horizontalmente e a partir do repouso, um projétil de massa m, o qual, ao desvencilhar-se da mola, atravessa o comprimento restante L do cano sob a ação de uma força de atrito constante F. A energia cinética ($E_c$) com que o projétil sai do cano tem a expressão

a) $E_c = (K \cdot x^2)/2 - F \cdot L$
b) $E_c = F \cdot L - (K \cdot x^2)/2$
c) $E_c = (K \cdot x^2) - 2 \cdot F \cdot L$
d) $E_c = 2 \cdot F \cdot L - (K \cdot x^2)$
e) $E_c = (K \cdot x)/2 - F \cdot L$

(FGV-SP) O texto a seguir refere-se às questões de números 26 a 28.

Criança feliz é aquela que brinca, fato mais do que comprovado na realidade do dia a dia. A brincadeira ativa, a que faz gastar energia, que traz emoção, traz também felicidade. Mariana é uma criança que foi levada por seus pais para se divertir em um parquinho infantil.

**26.** Inicialmente, Mariana foi se divertir no balanço. Solta, do repouso, de uma certa altura ela oscilou entre dois extremos elevados, a partir dos quais iniciou o retorno até o extremo oposto. Imagine-a no extremo da direita como na figura. Desconsiderando o seu tamanho, bem como o do balanço, e imaginando apenas um cabo sustentando o sistema, o correto esquema das forças agentes sobre ela nessa posição, em que cada seta representa uma força, é o da alternativa

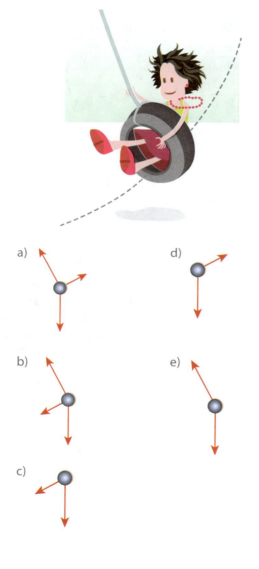

**27.** Em uma das oscilações, Mariana partiu do extremo, de uma altura de 80 cm acima do solo e, ao atingir a posição inferior da trajetória, chutou uma bola, de 0,5 kg de massa, que estava parada no solo. A bola adquiriu a velocidade de 24 m/s imediatamente após o chute, na direção horizontal do solo e do movimento da menina. O deslocamento de Mariana, do ponto extremo até o ponto inferior da trajetória, foi realizado sem dissipação de energia mecânica. Considere a massa de Mariana igual a 12 kg e a aceleração da gravidade com o valor 10 m/s². A velocidade de Mariana, imediatamente após o chute na bola, passou a ser, em m/s, de

a) 2,0.   c) 3,0.   e) 3,6.
b) 2,4.   d) 3,2.

**28.** Nesse parquinho infantil há dois escorregadores de mesma altura h relativamente ao chão. Um deles é retilíneo (R) e outro é curvilíneo (C) em forma de tobogã, como indica a figura.

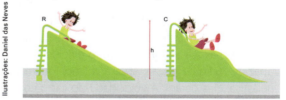

Ao escorregar por R, de seu ponto superior até o nível do chão, Mariana teve uma perda de energia mecânica de 10% em relação a uma queda livre dessa altura. Ao escorregar por C, nas mesmas condições, ela teve uma perda de 15% de energia mecânica em relação a uma queda livre. A relação entre a velocidade final de Mariana ao sair de R e a velocidade final ao sair de C, vale

a) $\sqrt{\dfrac{18}{17}}$   c) $\dfrac{18}{17}$   e) $\dfrac{5}{4}$

b) $\sqrt{\dfrac{3}{2}}$   d) $\dfrac{3}{2}$

**29.** (UFPE) Um engenheiro realiza experimentos com explosivos para avaliar a energia que é liberada em explosões. Ele coloca um disco de massa **M = 5,00 kg** sobre um piso liso. Em seguida, ele filma a explosão do disco de uma posição superior. Na explosão, os pedaços do disco se movem sobre o piso. Após a explosão ele só encontra dois pedaços do disco, de massas **$m_1$ = 2,40 kg e $m_2$ = 2,50 kg**. Além disso, ele observa pelo filme que os pedaços são lançados em direções perpendiculares com velocidades **$v_1$ = 2,50 m/s** e **$v_2$ = 3,20 m/s**. Apesar de não conseguir detectar com a câmera, ele suspeita de que deveria haver um terceiro pedaço. Calcule a velocidade do suposto terceiro pedaço, em m/s.

a) 1   c) 25   e) 100
b) 5   d) 50

**30.** (Fameca-SP) Dois carros idênticos, de massa m cada, inicialmente ligados por um fio e pressionados por uma mola, estão em repouso num sistema de planos horizontal e inclinado, idealmente lisos. Num dado instante o fio é cortado e os carros tomam rumos opostos com velocidades de módulo v. O carro A encontra outra mola, elástica de constante K, e passa a comprimi-la, enquanto o carro B sobe o plano inclinado, como mostra a figura.

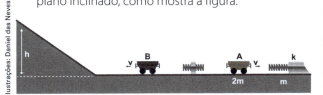

Desprezando-se os efeitos do ar e considerando-se g como a aceleração da gravidade local, determine, em função de m · k, v e g,
a) deformação máxima x que a mola de constante k sofre devido ao impacto do carro A;
b) a altura máxima h que o carro B atinge no plano inclinado.

**31.** (FMJ-SP) Suponha dois corpos celestes viajando no espaço sideral. Suas massas são $M_A$ e $M_B$. Em relação a um referencial inercial, o primeiro se desloca a uma velocidade $v_A$ e o segundo a uma velocidade $v_B$, perpendicular a $v_A$. Ocorre a colisão totalmente inelástica entre eles. A quantidade de movimento do sistema, logo após a colisão, será expressa por

a) $M_A \cdot v_A + M_B \cdot v_B$
b) $M_A \cdot v_A^2 + M_B \cdot v_B^2$
c) $\sqrt{M_A \cdot v_A + M_B \cdot v_B}$
d) $\sqrt{M_A \cdot v_A^2 + M_B \cdot v_B^2}$
e) $\sqrt{(M_A \cdot v_A)^2 + (M_B \cdot v_B)^2}$

**32.** (Unicid-SP) Em uma espingarda de pressão, uma mola elástica, de constante K, fica comprimida de 10 cm e, ao ser acionada, dispara um projétil, de massa 100 g, que deverá, ao sair do cano a uma velocidade de 100 m/s, incrustar-se no carrinho de massa 900 g, como está no esquema da figura. Tal carrinho pode deslizar sem atrito pela mesa de tampo horizontal, constituindo, com o projétil incrustado, um sistema conservativo.

A constante k, em N/m, e a velocidade do carrinho com o projétil, em m/s, imediatamente após a colisão valem, respectivamente

a) $2,0 \cdot 10^5$ e 10
b) $2,0 \cdot 10^5$ e 1,0
c) $1,0 \cdot 10^5$ e 10
d) $1,0 \cdot 10^5$ e 1,0
e) $1,0 \cdot 10^5$ e 0,10

# Movimento harmônico simples

O movimento harmônico simples (MHS) é aquele executado por corpos que oscilam em torno de uma mesma posição com amplitude e frequência constantes. Suas funções horárias das posições, das velocidades e das acelerações são trigonométricas:

$x = A \cdot \cos(\omega t + \theta_0)$, $v_x = -\omega \cdot A \cdot \text{sen}(\omega t + \theta_0)$ e $a_x = -\omega^2 \cdot A \cdot \cos(\omega t + \theta_0)$, em que $\omega$ é denominada pulsação e relacionada com a frequência: $\omega = 2 \cdot \pi \cdot f$, ou ainda, $\omega = \frac{2 \cdot \pi}{T}$; $\theta_0$ é a defasagem entre a origem das posições e a posição em que se inicia a contagem dos tempos do movimento. É nula na maioria dos casos abordados.

**33.** (FMJ-SP) O bisturi eletrônico funciona por vibração e sua extremidade perfurante executa, praticamente, um movimento harmônico simples (MHS). Considere que a frequência de vibração de um bisturi seja de 4,0 MHz, e que a amplitude de oscilação da extremidade seja de 5,0 μm (1 μm = $10^{-6}$ m). A máxima velocidade escalar, em m/s, que a extremidade vibrante atinge é de
a) $4\pi$
b) $8\pi$
c) $10\pi$
d) $20\pi$
e) $40\pi$

**34.** (Unicid-SP) Vários instrumentos utilizados em medicina diagnóstica e mesmo operacional funcionam movidos por ondas eletromagnéticas. O movimento vibratório dessas ondas pode ser descrito por funções trigonométricas, uma vez que se trata de um movimento harmônico simples.

Se determinada onda vibra segundo a função $y = 3,0 \cdot 10^{-10} \cdot \cos(2,0 \cdot 10^{18} \cdot \pi \cdot t)$, no SI, a sua máxima velocidade de vibração vale, em m/s, aproximadamente, (use $\pi = 3$)
a) $1,5 \cdot 10^{-28}$.
b) $1,8 \cdot 10^9$.
c) $2,0 \cdot 10^8$.
d) $5,0 \cdot 10^{-29}$.
e) $6,0 \cdot 10^8$.

**35.** (FMJ-SP) Em um conjunto de pistas retilíneas e lisas, como mostra a figura, um carro, de massa m = 500 kg, partiu do repouso no ponto A e deslizou até engatar, em C, numa mola elástica de constante k = 2 · 10³ N/m. Ao passar por B, sua velocidade era v = 10 m/s e, uma vez preso à mola, passou a descrever um movimento harmônico simples (MHS) em torno de C. A aceleração da gravidade local é de 10 m/s².

a) Determine a altura h, em relação ao plano BC, de onde o carro partiu.
b) Calcule, em segundos, o período de oscilação do MHS executado pelo carro.

# 4. Estática – Hidrostática

No estudo da estática destacamos a condição para que um ponto material permaneça em equilíbrio: a resultante das forças a ele aplicadas deve ser nula em qualquer direção; já para um corpo extenso, além da resultante das forças ser nula, é preciso que o momento, ou torque, resultante dessas forças também seja nulo. Simbolicamente: $F_{res} = 0$ e $M_{res} = 0$. Para o estudo dos líquidos em equilíbrio, é preciso introduzir o conceito de pressão, que é expressa pela lei de Stevin: $p = p_0 + dgh$, com h (profundidade) sendo medido de cima para baixo a partir da superfície livre do líquido. A pressão exercida por corpos sólidos é definida como a relação entre a força aplicada perpendicularmente a uma superfície e a área dessa superfície: $p = \frac{F}{A}$. O empuxo, por sua vez, força agente sobre corpos imersos em líquidos, é a força aplicada pelo líquido, verticalmente de baixo para cima, de intensidade igual ao peso do volume de líquido deslocado: $E = d_{liq} \cdot V_{desl.} \cdot g$.

**1.** (Unicid-SP) A gangorra é um dos mais divertidos brinquedos dos parques infantis. Para seu funcionamento é necessário que duas crianças sentem em pontos opostos ao seu centro de apoio. Quando as crianças têm pesos iguais ou próximos elas podem sentar em pontos equidistantes do centro da gangorra para mantê-la equilibrada na horizontal. No entanto, se os pesos forem diferentes, suas posições devem mudar. Mantida a criança mais leve numa extremidade da gangorra, a criança mais pesada deverá sentar-se em lugar mais próximo do centro de apoio. O gráfico que melhor representa o momento (M) da força peso da criança mais pesada em função de sua posição (d), medida a partir do centro de apoio da gangorra, é a)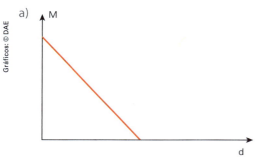

b)

c)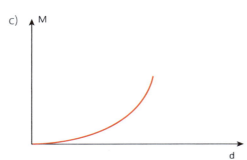

d)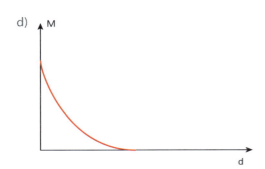

e)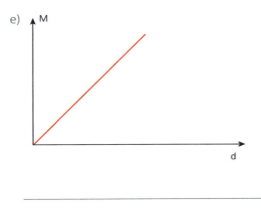

2. (Unicid-SP) Nos hospitais e centros de pronto atendimento é comum que se ministrem medicamentos por via endovenosa em doses minúsculas, mas constantes. O medicamento, no estado líquido, é acondicionado em um frasco que será pendurado em um suporte (haste universal) situado cerca de 1,5 m acima do braço do paciente, escorrendo por uma mangueira e tendo seu fluxo regulado por uma válvula dosadora. Se a densidade do medicamento for 1,0 g/cm³, e a aceleração da gravidade aproximadamente 10 m/s², o acréscimo de pressão no ponto de injeção, devido à coluna do líquido medicamentoso, será, em Pa, de

a) $1{,}0 \cdot 10^3$.
b) $1{,}5 \cdot 10^4$.
c) $1{,}5 \cdot 10^5$.
d) $2{,}0 \cdot 10^6$.
e) $3{,}0 \cdot 10^7$.

3. (FMJ-SP) A figura mostra um tubo de ensaio contendo dois líquidos imiscíveis e em equilíbrio.

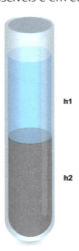

O gráfico que representa a pressão total (p) nos líquidos, em função da profundidade (h), é

a)

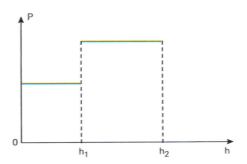

b)
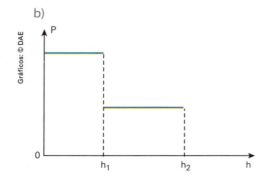

c)
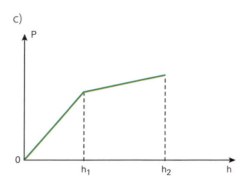

d)
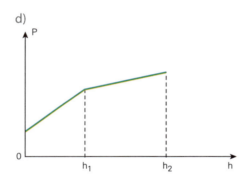

e)
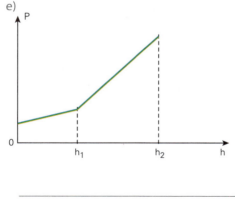

_____
_____
_____
_____

**4.** (Unicid-SP) Considerando um barco pesqueiro ancorado como um ponto material, as forças que agem sobre ele resumem-se ao peso e ao empuxo. Relativamente a situação descrita é correto afirmar que

a) o peso e o empuxo têm a mesma intensidade, pois o barco desloca na água um volume igual ao seu próprio volume.

b) o peso e o empuxo têm a mesma intensidade, pois a massa específica da água é igual à densidade absoluta do barco.

c) como o volume do barco é maior que o volume que ele desloca na água, seu peso é menor que o empuxo.

d) se fosse possível repetir essa experiência na superfície de outro planeta com aceleração da gravidade menor do que a da Terra, a relação entre peso e empuxo seria alterada.

e) se fosse possível repetir essa experiência na superfície de outro planeta com aceleração da gravidade menor do que a da Terra, ambas as intensidades (do peso e do empuxo) diminuiriam igualmente.

_____
_____
_____
_____
_____
_____
_____
_____
_____
_____
_____

**5.** (Ufscar-SP) Quando um barco flutua na água fica sujeito a duas forças verticais, peso e empuxo, de mesma intensidade e sentidos opostos. Ao receber uma carga, o barco tem sua linha d'água deslocada para cima, isto é, uma parte maior do seu volume fica imersa. Nessas condições, é correto afirmar que seu peso aumenta e a intensidade do empuxo

a) diminui independente da variação da intensidade do peso.

b) não se altera, mesmo com qualquer variação da intensidade do peso.

c) aumenta mais que o aumento da intensidade do peso.

d) aumenta com a mesma intensidade do aumento do peso.

e) aumenta menos que o aumento da intensidade do peso.

**6.** (UEA-AM) Um barco, navegando pelo rio Negro, chega a Manaus onde recebe um aumento de 20% em sua carga total. Ao seguir viagem, adentrando o rio Solimões, encontra água com densidade hipoteticamente 10% menor que a do rio Negro. Em relação ao volume de água deslocado pelo seu casco no rio Negro, o volume de água deslocado pelo seu casco no rio Solimões sofrerá

a) uma diminuição de 16%.

b) uma diminuição de 33%.

c) um aumento de 16%.

d) um aumento de 23%.

e) um aumento de 33%.

**7.** (FGV-SP) A pessoa da figura retira da água, com auxílio de uma associação de polias (talha simples), uma carga de 50 kg que ocupa um volume de 20 L. A densidade da água é de $1,0 \cdot 10^3$ kg/m³, a aceleração da gravidade local é de 10 m/s² e a ascensão se dá com velocidade constante.

A força exercida pela pessoa tem intensidade, em N, igual a

a) 15.  c) 50.  e) 300.

b) 30.  d) 150.

**8.** (FMJ-SP) Um cilindro maciço, de volume **V** e densidade **μ**, está totalmente imerso em um líquido de densidade **d** < **μ**. Ele é içado, com velocidade constante, por uma talha simples ideal, como mostra a figura. A aceleração da gravidade no local é **g**.

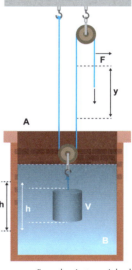

a) Deduza a expressão da intensidade da força **F** exercida pelo operador nesse deslocamento.

b) Ao erguer o cilindro, o operador desloca-o de uma altura **h**. Determine, em função de **h**, a extensão **y**, indicada na figura, do fio puxado pelo operador.

Caderno de revisão 41

**9.** (FGV-SP) Um pequeno submarino teleguiado, pesando 1200 N no ar, movimenta-se totalmente submerso no mar em movimento horizontal, retilíneo e uniforme a 36 km/h. Seu sistema propulsor desenvolve uma potência de 40 kW. As intensidades da força resistiva da água e do empuxo sobre o submarino valem, respectivamente e em newtons,

a) 400 e 1110.
b) 400 e 1200.
c) 4000 e 1200.
d) 40000 e 1110.
e) 40000 e 1200.

**10.** (FGV-SP) A figura mostra o esquema de um reservatório de água e o encanamento que conduz a água até uma torneira fechada. A água exerce sobre a torneira uma força de intensidade 80 N. A área da seção transversal do cano mede 4 cm² e a pressão atmosférica local sobre a superfície livre da água é de $1,0 \cdot 10^5$ Pa. A densidade da água é de $1,0 \cdot 10^3$ kg/m³ e a aceleração da gravidade local é de 10 m/s².

Nestas condições, a coluna de água mede, em metros,

a) 1,0.
b) 5,0.
c) 8,0.
d) 9,0.
e) 10.

**11.** (FGV-SP) O esquema ilustra uma prensa hidráulica operada manualmente, constituída de um sistema de vasos comunicantes 1 e 2, com êmbolos de áreas de seção transversal respectivas $S_1$ e $S_2$. O sistema é preenchido com um líquido homogêneo e viscoso. O êmbolo 2 é ligado a uma alavanca inter-resistente articulada em sua extremidade A. O operador aplica forças verticais F na extremidade B da alavanca para transmitir forças $F_1$ através do êmbolo 1.

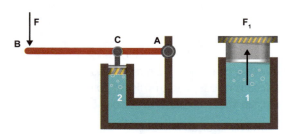

A relação correta entre F, $F_1$, $S_1$, $S_2$, AB e AC, que permite obter vantagem mecânica, é

a) $F = F_1 \cdot \dfrac{S_2}{S_1} \cdot \left(\dfrac{AC}{AB}\right)$

b) $F = F_1 \cdot \dfrac{S_2}{S_1} \cdot \left(\dfrac{AC}{BC}\right)$

c) $F = F_1 \cdot \dfrac{S_2}{S_1} \cdot \left(\dfrac{AC}{AC}\right)$

d) $F = F_1 \cdot \dfrac{S_1}{S_2} \cdot \left(\dfrac{AC}{AB}\right)$

e) $F = F_1 \cdot \dfrac{S_1}{S_2} \cdot \left(\dfrac{AB}{BC}\right)$

**12.** (FGV-SP) Um bloco de ferro maciço, de formato cilíndrico, é levado com velocidade constante para o fundo de um tanque cheio de água, de profundidade maior que sua geratriz, como mostra a sequência de figuras.

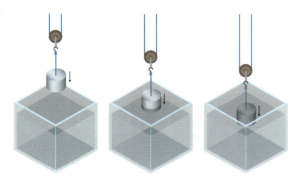

O gráfico que representa qualitativamente a intensidade do empuxo (E) agente sobre o bloco durante todo o procedimento de imersão na água, em função do tempo T, é

a)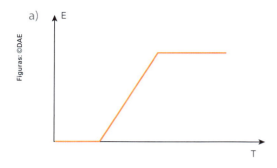

b)

c)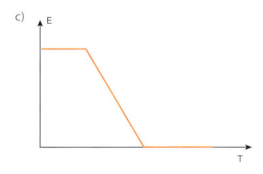

d)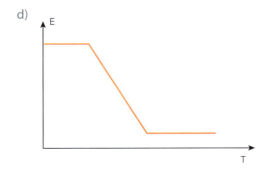

e)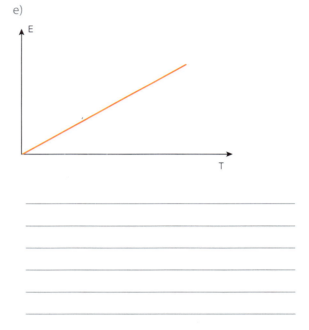

**13.** (FGV-SP) Para determinados tipos de pesquisa ou trabalho, cápsulas tripuladas são enviadas para as profundezas dos oceanos, mares ou lagos. Considere uma dessas cápsulas de forma cilíndrica, de 2,0 m de altura por 2,0 m de diâmetro, com sua base superior a 48 m de profundidade em água de densidade $1,0 \cdot 10^3$ kg/m³, em equilíbrio como ilustra a figura. A pressão atmosférica no local é de $1,0 \cdot 10^5$ Pa e a aceleração da gravidade é de 10 m/s². Adote $\pi = 3$.

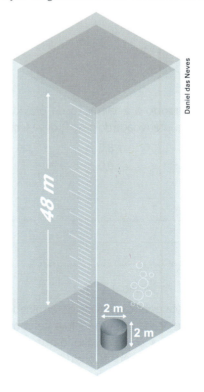

O peso dessa cápsula fora d'água, em N, e a pressão total sobre sua base inferior, em Pa, valem, respectivamente,

a) $1,5 \cdot 10^3$ e $5,0 \cdot 10^6$
b) $1,5 \cdot 10^3$ e $6,0 \cdot 10^5$
c) $1,5 \cdot 10^4$ e $5,0 \cdot 10^6$
d) $6,0 \cdot 10^4$ e $6,0 \cdot 10^6$
e) $6,0 \cdot 10^4$ e $6,0 \cdot 10^5$

___

**14.** (USCS-SP) Um cilindro de 600 g de massa e 200 cm³ de volume é totalmente imerso em água, de densidade de 1,0 g/cm³, e suspenso por um fio ideal atado a uma das extremidades de uma barra rígida de peso desprezível. A barra é apoiada em um ponto O, distante 30 cm da extremidade em que se encontra suspenso o cilindro, e distante 10 cm da outra extremidade em que há uma esfera de peso $P_e$, mantendo o sistema em equilíbrio. A figura ilustra a situação descrita.

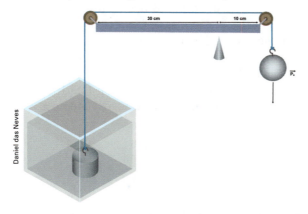

Considerando a aceleração da gravidade igual a 10 m/s², a intensidade do peso $P_e$ deve ser, em N, igual a

a) 12,0.
b) 10,0.
c) 8,0.
d) 6,0.
e) 4,0.

___

**15.** (UnB-DF – adaptada)

Uma casca esférica, oca, de determinada espessura, ao ser colocada em um recipiente contendo água, atinge a situação de equilíbrio quando 30% de seu volume fica submerso. Considerando que a densidade do material da esfera seja 6 g/cm³ e que a densidade da água seja 1 g/cm³, julgue o item a seguir:

Se a esfera estiver flutuando na água no interior de um recipiente fechado contendo ar, então, ao se retirar totalmente o ar do interior do recipiente, a esfera ficará menos submersa.

___

## 5. Astronomia – Gravitação

O estudo da gravitação compreende as grandezas físicas concernentes aos satélites, planetas e astros. A força de interação entre dois deles é dada pela lei da gravitação universal: $F = G \cdot M \cdot \dfrac{m}{d^2}$; o campo gravitacional na superfície de um desses entes é dado pela expressão $g = G \cdot \dfrac{M}{R^2}$.

As leis de Kepler representam a base para que se conheça várias grandezas físicas características dos corpos em órbita: 1ª lei: as órbitas dos planetas do Sistema Solar são elípticas, com o Sol ocupando um dos focos dessas órbitas; 2ª lei: as áreas varridas pelo vetor posição dos planetas em órbita são diretamente proporcionais aos intervalos de tempo gastos para descrevê-las; 3ª lei: o quadrado do período de translação dos planetas ao redor do Sol é diretamente proporcional ao cubo do raio médio de suas órbitas.

$\left(\dfrac{T_a^2}{R_a^3} = \dfrac{T_b^2}{R_b^3} = ... = K\right)$. $K$ é uma constante que depende da massa do Sol.

A velocidade com que orbitam ao redor do outro corpo considerado centro de forças é dada por $v = \sqrt{\dfrac{G \cdot M}{R}}$, com $R$ sendo o raio da órbita. A energia cinética pode ser obtida na expressão $E_{cin} = \dfrac{G \cdot M \cdot m}{2R}$, a expressão da energia potencial gravitacional é negativa, com referencial no infinito: $E_{pot} = -\dfrac{G \cdot M \cdot m}{R}$. A energia mecânica, soma das duas, é então obtida por

$E_{mec} = \dfrac{G \cdot M \cdot m}{2 \cdot R}$.

Cabe lembrar que as leis e expressões acima mencionadas são válidas para qualquer corpo que orbite de modo estável ao redor de outro, como um satélite artificial orbitando ao redor da Terra.

**1.** (FGV-SP) Curiosamente, no sistema solar os planetas mais afastados do Sol são os que têm maior quantidade de satélites naturais, principalmente os de maior massa, como Júpiter e Saturno, cada um com mais de 60 satélites naturais. Considere 2 satélites A e B de Júpiter. O satélite A dista R de Júpiter e o satélite B dista 4R do mesmo planeta. Se A demora n dias terrestres para completar uma volta em torno de Júpiter, o número de dias terrestres em que B completa uma volta em torno do mesmo planeta será

a) $\sqrt{2 \cdot n}$  c) $4 \cdot n$  e) $8 \cdot \sqrt{2 \cdot n}$

b) $2 \cdot n$  d) $8 \cdot n$

_____
_____
_____
_____
_____

**2.** (FGV-SP) A massa da Terra é de $6,0 \cdot 10^{24}$ kg e a de Netuno é de $1,0 \cdot 10^{26}$ kg. A distância média da Terra ao Sol é de $1,5 \cdot 10^{11}$ m e a de Netuno é de $4,5 \cdot 10^{12}$ m. A razão entre as forças de interação Sol-Terra e Sol-Netuno, nesta ordem, é mais próxima de

a) 0,05.  c) 5.  e) 500.

b) 0,5.  d) 50.

_____
_____

**3.** A massa do planeta Saturno é cerca de 100 vezes maior que a massa da Terra e seu raio superficial é 10 vezes maior que o raio terrestre. Se a aceleração da gravidade na superfície da Terra for representada por $g$, a aceleração da gravidade na superfície de Saturno será representada por

a) g.  c) 1,5 g.  e) 2,5 g.

b) 1,2 g.  d) 2,0 g.

_____
_____
_____
_____
_____
_____

(FGV-SP) As informações seguintes referem-se às questões 4 e 5.

Aceleração da gravidade na superfície da Terra: $g_T = 10$ m/s²; aceleração da gravidade na superfície da Lua: $g_L = 1,6$ m/s²; massa da Terra igual a 81 vezes a massa da Lua; sen 45° = cos 45° = $\dfrac{\sqrt{2}}{2}$.

**4.** Na superfície lunar, uma pequena bola lançada a partir do solo com velocidade inicial inclinada de 45° com a horizontal, voltou ao solo 8,0 m adiante do ponto de lançamento. A velocidade inicial, em metros por segundo, e o tempo de permanência dela em movimento, em segundos, foram, respectivamente,

a) $8 \cdot \sqrt{5}$ e $\sqrt{5}$.

b) $\dfrac{(8 \cdot \sqrt{5})}{5}$ e $\sqrt{5}$.

c) $8 \cdot \sqrt{5}$ e $\sqrt{10}$.

d) $\dfrac{(8 \cdot \sqrt{5})}{5}$ e $\sqrt{10}$.

e) $2 \cdot \sqrt{5}$ e $\sqrt{10}$.

_____
_____
_____
_____

**5.** A relação $\dfrac{R_T}{R_L}$ entre os raios das superfícies da Terra ($R_T$) e da Lua ($R_L$) é

a) 1,8.  c) 3,6.  e) 10,8.

b) 2,4.  d) 7,2.

_____
_____

**6.** (FGV-SP) A nave americana New Horizons passou, recentemente, bem perto da superfície de Plutão, onde revelou importantes informações a respeito desse planeta anão. Ela orbitou a uma distância d do centro de Plutão, cuja massa é 500 vezes menor que a da Terra, com uma velocidade orbital $v_P$. Se orbitasse ao redor da Terra, a uma distância 2d de seu centro, sua velocidade orbital seria $v_T$. A relação $\dfrac{v_T}{v_P}$ entre essas velocidades valeria multiplicada $\sqrt{10}$ pelo fator

a) 2.  c) 4.  e) 10.

b) 3.  d) 5.

_____
_____
_____
_____
_____
_____
_____
_____

Caderno de revisão  45

**7.** (Unicid-SP) Em seu livro "O pequeno príncipe", o escritor francês Antoine de Saint-Exupéry imagina a existência de um pequeno planeta, o B612, onde viveria seu personagem. Imagine que na superfície desse planeta houvesse uma aceleração da gravidade cerca de dez milhões de vezes menor que a terrestre. O raio superficial do B612 seria um milhão de vezes menor que o terrestre. Segundo as leis da mecânica gravitacional, com a massa da Terra sendo de $6 \cdot 10^{24}$ kg, a massa do B612 seria comparável a de um

a) saco de cimento (50 kg).
b) automóvel de passeio (1500 kg).
c) caminhão carregado (30 t).
d) avião de passageiros (100 t).
e) navio cargueiro (500 t).

_____
_____
_____
_____
_____

**8.** (Fameca-SP) Saturno é um planeta cujo raio médio da órbita ao redor do Sol é dez vezes maior que o raio médio da órbita da Terra ao redor do Sol. Seu raio superficial é dez vezes maior que o terrestre e a aceleração da gravidade em sua superfície é praticamente igual à da superfície da Terra. Com base nessas informações, determine

a) a razão $\dfrac{M_S}{M_T}$ entre as massas dos dois planetas.
b) a razão $\dfrac{T_S}{T_T}$ entre os períodos de translação dos dois planetas em torno do Sol.

_____
_____
_____
_____
_____

**9.** (FMJ-SP) A ISS (Estação Espacial Internacional) orbita a uma altitude próxima da superfície da Terra, com aceleração centrípeta $a_T$. Se fosse levada a orbitar próxima da superfície de Marte, cuja massa é dez vezes menor que a da Terra e cujo raio superficial é a metade do terrestre, sua aceleração centrípeta $a_M$ guardaria uma relação $\dfrac{a_M}{a_T}$ igual a

a) $\dfrac{2}{5}$.
b) $\dfrac{1}{5}$.
c) $\dfrac{1}{8}$.
d) $\dfrac{1}{10}$.
e) $\dfrac{1}{50}$.

_____

**10.** (Unicid-SP) Recentemente pousou na superfície de Marte a sonda Curiosity, na foto da figura, enviada pelos cientistas americanos da Nasa, para várias explorações nesse planeta. Sabe-se que Marte dista do Sol cerca de uma vez e meia a distância da Terra ao Sol. Com isso, a duração do período de translação de Marte em torno do Sol, em anos terrestres, vale em torno de

NASA/JPL-Caltech

a) 0,85.
b) 1,10.
c) 1,50.
d) 1,85.
e) 2,00.

_____
_____

**11.** (USCS-SP) Em julho passado, a nave americana New Horizons passou bem perto da superfície de Plutão, colhendo dados importantes sobre esse planeta anão. Agora se sabe que Plutão possui 5 satélites naturais orbitando ao seu redor. Caronte, o maior deles, possui massa aproximadamente igual à décima parte da de Plutão, tendo o diâmetro superficial igual à metade do diâmetro superficial de Plutão. Com base nesses dados, a relação correta entre as intensidades dos campos gravitacionais na superfície de Caronte e na de Plutão ($g_C/g_P$) é

a) $\dfrac{1}{5}$.
b) $\dfrac{2}{5}$.
c) $\dfrac{3}{5}$.
d) $\dfrac{5}{6}$.
e) $\dfrac{5}{4}$.

_____
_____
_____
_____

46  **Caderno de revisão**

**12.** (UFPE) A distância média do planeta Saturno ao Sol é cerca de 10 vezes maior do que a distância média da Terra ao Sol. Determine a ordem de grandeza do período de revolução de Saturno em torno do Sol, em dias terrestres.

a) $10^1$
b) $10^2$
c) $10^3$
d) $10^4$
e) $10^5$

_____
_____
_____
_____
_____
_____

**13.** (UnB-DF – Adaptada)

As leis da gravitação universal aplicadas ao movimento de satélites geoestacionários podem ser generalizadas para orbitas elípticas e aplicadas ao estudo do movimento dos planetas em torno do Sol. Tendo como base essas leis, julgue os itens A, B e C.

A) A razão entre os quadrados dos períodos de qualquer par de planetas girando em torno do Sol e igual à razão entre os cubos dos raios médios de cada órbita desses planetas.

B) Todos os planetas movem-se em órbitas elípticas, que têm o Sol em um dos focos.

C) Considerando um satélite artificial em movimento em torno da Terra, assinale a opção correspondente ao gráfico que melhor representa a variação das energias mecânica total (E), cinética (K) e potencial (U) em função da distância r do satélite ao centro da Terra.

a)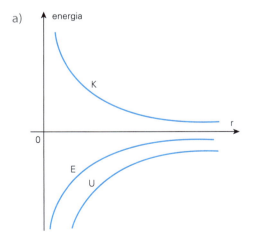

b)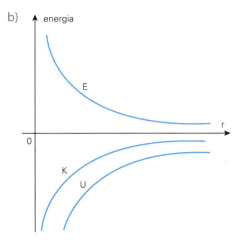

c)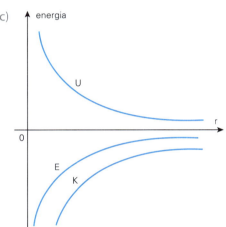

d)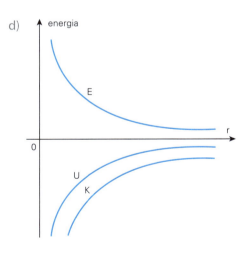

_____
_____
_____
_____
_____
_____

**14.** (UnB-DF) A Estação Espacial Internacional, localizada acima da superfície em uma altura cujo valor é 10% do raio da Terra, desloca-se com velocidade orbital de aproximadamente 8 km/s.

Considerando essas informações, julgue os itens I e II, assinale a opção correta no item III, e faça o que se pede no item IV.

I. De acordo com o modelo atômico atual, o movimento de um elétron em torno do núcleo de um átomo pode ser explicado como o movimento de uma estação espacial em torno da Terra, em que a responsável por manter a órbita do corpo é uma força centrípeta. Essa força é de origem elétrica, no caso do elétron em movimento, e de origem gravitacional, no caso da estação espacial em órbita.

II. Devido ao efeito de rotação da Terra, são diferentes os pesos aparentes de um mesmo indivíduo no polo norte e no equador.

III. No interior de uma estação espacial em órbita circular, em situação de gravidade aparente zero, astronautas e objetos flutuam porque

a) os ventos solares empurram a estação no sentido oposto ao da força gravitacional da Terra.

b) a diferença entre o valor da gravidade na superfície da Terra e na altura da estação espacial é muito pequena, tendo-se a impressão de que as coisas flutuam.

c) a atração gravitacional da Lua e a da Terra atuam em sentidos opostos na estação espacial, o que provoca a sensação de gravidade nula.

d) a força gravitacional desempenha o papel de força centrípeta, necessária para manter os corpos em órbita.

IV. Assumindo 1.000 cm/s² como o valor da gravidade na superfície da Terra, calcule o valor da gravidade, em cm/s², na Estação Espacial Internacional. Após efetuados todos os cálculos solicitados, despreze a parte fracionária do resultado final obtido, caso exista.

## 6. Temperatura – dilatação

No estudo da dilatação térmica de corpos é preciso realçar a relação entre as escalas termométricas comumente usadas, Celsius, Fahrenheit e Kelvin: $\frac{C}{5} = \frac{F - 32}{9}$ e $C = K - 273$.

A dilatação linear dos corpos, de modo geral, obedece à lei: $\Delta L = L_0 \cdot \alpha \cdot \Delta \theta$. Para a dilatação de superfícies e de volumes, a lei é semelhante: $\Delta A = A_0 \cdot \beta \cdot \Delta \theta$ e $\Delta V = V_0 \cdot \gamma \cdot \Delta \theta$. Os coeficientes $\beta$ e $\gamma$ guardam a relação com $\alpha$: $\beta = 2\alpha$ e $\gamma = 3\alpha$.

**1.** (FGV-SP) As linhas de metrô são construídas tanto sob o solo quanto sobre o mesmo. Pensando nas variações de temperatura máxima no verão e mínima no inverno, ambas na parte de cima do solo, os projetistas devem deixar folgas de dilatação entre os trilhos, feitos de aço de coeficiente de dilatação linear $1{,}5 \cdot 10^{-5}$ °C$^{-1}$. Em determinada cidade britânica a temperatura máxima costuma ser de 104 °F e a mínima de –4 °F. Se cada trilho mede 50,0 m nos dias mais frios, quando é feita sua instalação, a folga mínima que se deve deixar entre dois trilhos consecutivos, para que eles não se sobreponham nos dias mais quentes, deve ser, em centímetros, de

a) 1,5.　　c) 3,0.　　e) 6,0.
b) 2,0.　　d) 4,5.

**2.** (Ufscar-SP) Os cinco recipientes da figura têm a mesma capacidade volumétrica e encontram-se a temperatura ambiente ao ar livre. Suas superfícies superiores são abertas e a proporção entre seus tamanhos é a da figura.

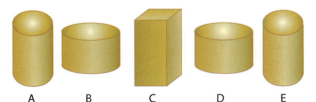

Os recipientes A, B e C são feitos de vidro enquanto que os recipientes D e E são de material plástico adiabático. Água a alta temperatura, 90 °C por exemplo, é vertida neles até completar sua capacidade. Segundo os princípios da propagação e transmissão de calor, o volume de água que entrará em equilíbrio térmico com o meio ambiente mais rapidamente será o do recipiente

a) A.　　c) C.　　e) E.
b) B.　　d) D.

## 7. Calor – trocas, mudanças de fase, entropia

É básico: calor é uma forma de energia térmica em trânsito entre dois corpos que estejam a temperaturas diferentes. Sua expressão fundamental é: $Q = m \cdot c \cdot \Delta\theta$, onde $c$ é o calor específico do material ou substância em estudo (quantidade de energia térmica que cada unidade de massa do material ou substância troca ao variar de um grau sua temperatura). A capacidade térmica, propriedade dos corpos, representa a energia que um corpo absorve ou cede ao variar de um grau a sua temperatura: $C = Q \cdot \Delta\theta$. Para corpos homogêneos pode ser obtida por $C = m \cdot c$.

Para mudar de estado físico, um corpo deve receber ou ceder calor. Expresso por: $Q = m \cdot L$, em que $L$ é calor latente de mudança de estado (quantidade de calor que cada unidade de massa do material ou substância deve trocar ao mudar de estado físico). Tal mudança deve ocorrer sem variação na temperatura do corpo.

A entropia é a grandeza física cuja variação mede, empiricamente, a "desordem" provocada em um sistema térmico quando este troca calor. É uma função da temperatura quando expressa na escala absoluta Kelvin: $\Delta S = \dfrac{Q}{T}$.

**1.** (Unicid-SP) Algumas pessoas não gostam de tomar remédios para baixar uma febre. Enrolam-se em um cobertor de lã e, após transpirarem, dizem sentir-se melhor. Sob o ponto de vista das leis da física, tal sensação

a) é contraditória, pois a transpiração provocada pelo cobertor mantém constante a temperatura do corpo. Um banho quente seria mais eficiente.

b) é contraditória, pois a transpiração faz a temperatura do corpo subir ainda mais e o cobertor facilita a troca de calor com o corpo.

c) é contraditória, pois o cobertor impede a troca de calor do corpo com o ambiente. Um banho de água fria ou morna seria mais eficiente.

d) faz sentido, uma vez que a transpiração provocada pelo cobertor faz com que o corpo interaja termicamente com o mesmo.

e) faz sentido, uma vez que a transpiração provocada pelo cobertor libera toxinas e com esse mecanismo a temperatura do corpo diminui.

**2.** (Fameca-SP) Segundo dados fornecidos por importantes fontes de pesquisa no ramo da nutrição, um ser humano adulto necessita ingerir alimentos que lhe ofereçam 2,0 kcal por dia. Se esta quantidade de energia pudesse ser integralmente utilizada por uma pessoa de 80 kg para subir uma escada de 4,0 m de altura, esta ascensão poderia ser feita no máximo

(Dados: 1 cal $\leftrightarrow$ 4 J, g = 10 m/s$^2$)

a) uma vez.
b) uma vez e meia.
c) duas vezes.
d) duas vezes e meia.
e) quatro vezes.

**3.** (FGV-SP) Sabe-se que a capacidade térmica (C) é uma propriedade de cada corpo e está relacionada com o poder desse corpo de variar sua temperatura ao trocar calor. O gráfico que melhor expressa a capacidade térmica de um corpo ao receber calor com a respectiva variação de temperatura ($\Delta t$), sem mudar de estado físico é

a)

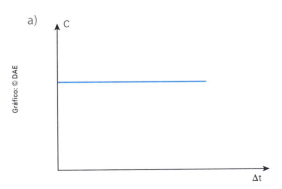

b)
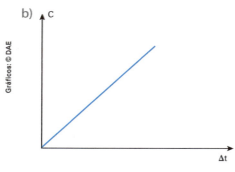

c)
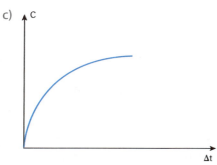

d)
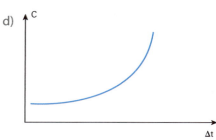

e)
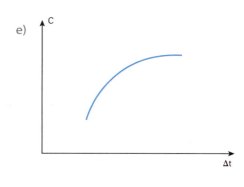

_____
_____
_____

**4.** (FGV-SP) Em um recipiente adiabático, contendo 2,0 L de água (densidade = 1,0 g / cm³, calor específico = = 1,0 cal / ( g · °C) ), há uma barra metálica imersa, de capacidade térmica 1000 cal/°C, que mede inicialmente 40,00 cm. O sistema recebe 150 kcal de uma fonte de calor e, ao fim do processo, a barra acusa uma dilatação linear de 0,01 cm.

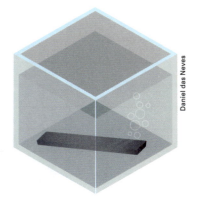

O coeficiente de dilatação linear do material da barra vale, em $10^{-6} \cdot °C^{-1}$,

a) 1,0.
b) 2,0.
c) 3,0.
d) 4,0.
e) 5,0.

_____
_____

**5.** (UFTM-MG) Em um laboratório de pesquisas tecnológicas uma barra metálica, de comprimento inicial 2,000 m, foi inserida em um forno e submetida a um aquecimento. Observou-se uma dilatação de 0,010 m em seu comprimento. Considerando a massa da barra de 1,20 kg, o coeficiente de dilatação linear de seu material de $2,00 \cdot 10^{-5}$ °C⁻¹, com o calor específico de 0,20 cal/(g · °C), a quantidade de calor mínima que a barra absorveu, em calorias, foi

a) $6,0 \cdot 10^3$.   c) $8,0 \cdot 10^4$.   d) $8,0 \cdot 10^6$.
b) $6,0 \cdot 10^4$.   d) $8,0 \cdot 10^5$.

_____
_____
_____
_____
_____

**6.** (Unicid-SP) Pelo fato de serem práticos, aquecedores elétricos de imersão são muito utilizados nos mais diversos laboratórios. Um desses aquecedores, cuja potência útil é de 250 W, é imerso num recipiente adiabático contendo 500 ml (500 g) de água a 25 °C e ligado durante 7,0 min. O calor específico da água vale 1,0 cal/(g · °C) e o equivalente mecânico do calor vale 4,2 J/cal. A temperatura final atingida pela água, em °C, é

a) 50.   c) 85.   e) 98.
b) 75.   d) 95.

**7.** (FMJ-SP) O gráfico relaciona a quantidade de calor (Q) que um aquecedor é capaz de fornecer a qualquer sistema, em função do tempo (t).

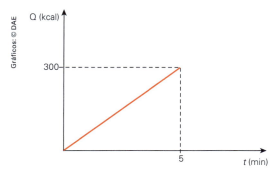

a) Calcule, em kW, a potência desse aquecedor. Use 1 cal = 4 J.
b) Calcule o intervalo de tempo necessário para esse aquecedor elevar a temperatura de 1 L de água de 20 °C até seu ponto de ebulição a 100 °C. Considere a densidade da água d = 1 kg/L, e seu calor específico c = 1cal/(g · °C).

**8.** (UMSCS-SP) Em um laboratório de análises clínicas, determinado material deve ser analisado quente a uma temperatura não superior a 80 °C. Uma amostra de 100 g desse material, a 20 °C, de calor específico 1,0 cal/(g · °C), é então inserida em um forno elétrico de potência útil 200 W. Considere 1 cal equivalente a 4,2 J, que toda a energia gerada pelo forno seja transferida para a amostra que nesse processo não muda de estado físico. O maior intervalo de tempo que ela deverá permanecer no interior do forno, para satisfazer as condições acima descritas, deve ser de

a) 30 s.        d) 2 min 6 s.
b) 42 s.        e) 2 min 30 s.
c) 1 min 6 s.

**9.** (FGV-SP) Uma pedra de gelo, de 1,0 kg de massa, é retirada de um ambiente em que se encontrava em equilíbrio térmico a −100 °C, e recebe 150 kcal de uma fonte de calor. Considerando o calor específico do gelo 0,5 cal/(g · °C), o da água 1,0 cal/(g · °C), e o calor latente de fusão do gelo 80 cal/g, o gráfico que representa corretamente a curva de aquecimento dessa amostra é

a)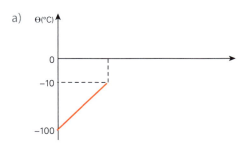

b)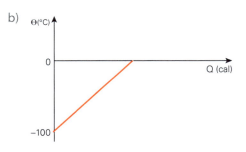

c)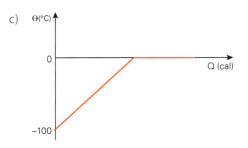

d)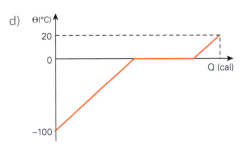

e)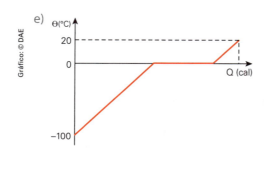

---

**10.** (Ufscar-SP) Um recipiente cilíndrico de vidro tem área da base relativamente pequena se comparada com sua altura. Ele contém água a temperatura ambiente até quase a sua borda. A seguir ele é colocado sobre a chama de um fogão, como ilustra a figura.

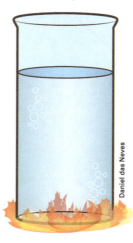

A transmissão do calor através das moléculas da água durante seu aquecimento ocorre apenas por

a) condução.
b) convecção.
c) irradiação.
d) condução e convecção.
e) convecção e irradiação.

---

**11.** (UFPE) Uma barra de gelo de 10 kg, inicialmente a −20 °C, é jogada em um lago cuja temperatura da água é 27 °C.

Calcule a variação da entropia do lago devido ao processo de derretimento da barra de gelo, em quilocalorias por kelvin. Dados: $c^{gelo} = 0{,}5$ cal/g°C; $c_{água} = 1{,}0$ cal/g°C e $L_{fusão} = 80$ cal/g.

a) −3,9       c) zero       e) +3,9
b) −1,9       d) +1,9

---

## 8. Termodinâmica – máquinas térmicas

Este tópico estuda o comportamento dos gases e vapores quando submetidos a variações em suas grandezas características: pressão, volume e temperatura. A lei que rege a relação entre essas grandezas é a de Clapeyron: $p \cdot V = n \cdot R \cdot T$, em que $n$ é o número de mols do gás, e $R$ uma constante universal cujo valor depende do sistema de unidades utilizado. Quando um gás passa de um estado a outro sem perder ou ganhar massa, a expressão de Clapeyron deriva para: $p \cdot \dfrac{V}{T} = p' \cdot \dfrac{V'}{T'}$.

Os princípios aplicados a estas transformações são:
1º – A quantidade de calor que um gás troca é igual ao trabalho que ele realiza, somado à variação de sua energia interna: $Q = \tau + \Delta U$; e 2º – que pode ser enunciado de várias formas, uma das quais é: "Uma máquina térmica é incapaz de funcionar com 100% de rendimento", ou seja, ela não consegue transformar integralmente o calor que recebe em trabalho mecânico.

**1.** (Fameca-SP) – Um gás perfeito, confinado em um recipiente de capacidade V, exerce sobre as paredes uma pressão p quando seus n mols lhe conferem uma temperatura T.

**A** lei que rege a dependência entre essas variáveis de estado é conhecida como equação de Clapeyron: $p \cdot V = n \cdot R \cdot T$, onde R é uma constante que depende do sistema de unidades. Se uma massa de gás passar por uma transformação adiabática, uma brusca compressão, por exemplo, o gráfico que melhor representa o comportamento de sua pressão em função de seu volume é o da alternativa

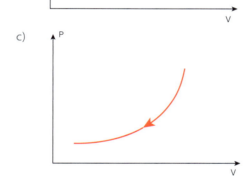

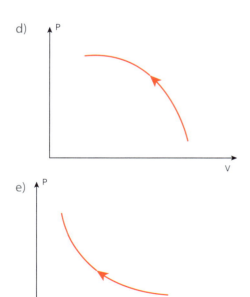

**2.** (FGV-SP) Certa massa gasosa ideal, confinada em um recipiente inicialmente a 300 K, sofre a compressão I → F indicada no diagrama da pressão *versus* volume da figura.

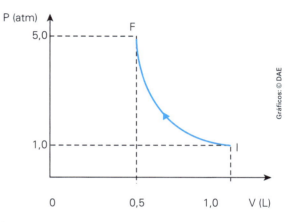

É correto afirmar que se trata de uma transformação
a) isotérmica, sem alteração de temperatura.
b) adiabática, com temperatura final do gás igual a 600 K.
c) adiabática, com temperatura final do gás igual a 750 K.
d) geral, com temperatura final do gás igual a 300 K.
e) geral, com temperatura final do gás igual a 600 K.

**3.** (FMJ-SP) Certo número de moléculas de um gás perfeito encontra-se confinado em um recipiente rígido. Ao receber calor de uma fonte externa, tem alteradas sua pressão (p) e sua temperatura (T). O gráfico que melhor representa, qualitativamente, essa transformação é

a)

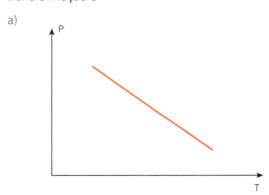

é submetido a uma transformação, suas variáveis de estado têm os seus valores alterados. Numa transformação isobárica, o gráfico que representa as variáveis *volume* e *temperatura* é

a)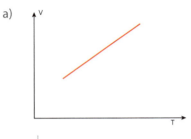

b)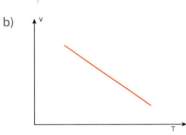

c)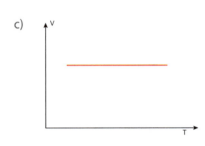

d)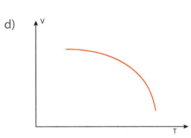

e)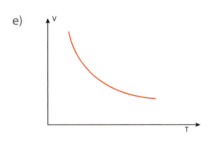

___
___
___

**4.** (Unicid-SP) Os gases perfeitos têm suas variáveis de estado relacionadas pela chamada equação geral dos gases (de Clapeyron), $p \cdot V = n \cdot R \cdot T$, em que p é a pressão que *n* mols do gás, a temperatura T, exercem sobre as paredes do recipiente de volume V. R é a constante universal dos gases. Quando um gás

**5.** (FGV-SP) O gráfico da pressão (P) em função do volume (V), de um gás perfeito, representa um ciclo de transformações a que o gás foi submetido.

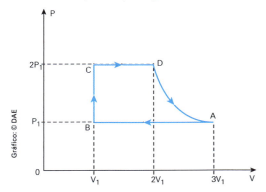

A respeito dessas transformações, é correto afirmar que a transformação

a) AB é isobárica e que a relação $\dfrac{T_A}{T_B}$ entre as temperaturas absolutas nos respectivos estados A e B vale 3.

b) BC é isotérmica e que a relação $\dfrac{T_B}{T_C}$ entre as temperaturas absolutas nos respectivos estados B e C vale $\dfrac{1}{2}$.

c) CD é isobárica e que a relação $\dfrac{T_C}{T_D}$ entre as temperaturas absolutas nos respectivos estados C e D vale $\dfrac{2}{3}$.

d) AD é isotérmica e que o calor trocado com o meio ambiente nessa transformação é nulo.

e) AD é adiabática e que o calor trocado com o meio ambiente nessa transformação é igual ao trabalho realizado pelo gás no ciclo.

_____
_____
_____
_____

**6.** (Unicid-SP) O gráfico representa o ciclo do motor a combustão interna de uma ceifadeira de grama.

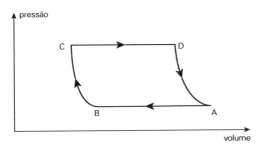

É correto afirmar que

a) o trecho DA representa a única fase em que ocorre a expansão isobárica do vapor combustível.

b) o trecho AB representa uma fase em que ocorre uma compressão isobárica do vapor combustível.

c) o rendimento do motor independe da área limitada pela figura ABCDA.

d) a área delimitada pela figura ABCDA significa fisicamente a potência média de funcionamento do motor.

e) a área delimitada pela figura ABCDA significa fisicamente a quantidade de calor gerado pela explosão do vapor combustível no ciclo.

_____
_____
_____
_____
_____
_____
_____
_____

**7.** (UCS-RS) O gráfico da figura representa, qualitativamente, o comportamento da pressão, em função do volume, de um sistema vapor-gás no interior da câmara de combustão de uma máquina térmica.

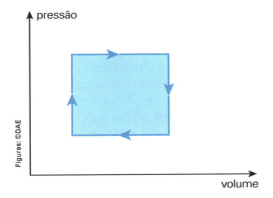

A área hachurada tem o significado físico do

a) trabalho realizado pelo sistema durante um ciclo e é menor do que o calor recebido da fonte quente.

b) trabalho realizado pelo sistema durante um ciclo e é igual ao calor rejeitado para a fonte fria.

c) trabalho realizado pelo sistema durante um ciclo e é igual à soma dos calores recebido da fonte quente e rejeitado para a fonte fria.

d) calor recebido pelo sistema durante um ciclo e é igual ao trabalho realizado por ele durante tal ciclo.

e) calor recebido pelo sistema durante um ciclo e é menor do que o calor rejeitado por ele para a fonte fria.

**8.** (UEA-AM) Imagine o motor de um automóvel que está ligado funcionando normalmente em marcha lenta. Uma pessoa resolve tapar o escapamento do veículo vedando a saída dos gases provenientes da combustão. A consequência desse ato é que o motor
a) acelera, aumentando rapidamente sua frequência de giro, o que comprova a 2ª lei da Termodinâmica.
b) acelera, aumentando rapidamente sua frequência de giro, o que comprova a 1ª lei da Termodinâmica.
c) "morre", diminuindo rapidamente sua frequência de giro até parar de funcionar, o que comprova a 2ª lei da Termodinâmica.
d) "morre", diminuindo rapidamente sua frequência de giro até parar de funcionar, o que viola a 1ª lei da Termodinâmica.
e) continua funcionando normalmente pois nenhuma lei da Termodinâmica terá sido violada.

**9.** (UnB-DF – Adaptada) O Sol é uma importante fonte de energia em Marte. Além da energia elétrica obtida por meio de células fotovoltaicas, a energia solar pode ser explorada nos processos de aquecimento termodinâmico. O gás argônio, encontrado em maior porcentagem na atmosfera de Marte que na atmosfera da Terra, poderia ser utilizado como fluido de trabalho em uma máquina de Carnot, em que o Sol fosse a fonte mais quente de energia. O diagrama P *versus* V de uma máquina de Carnot, apresentado a seguir, ilustra essa situação.

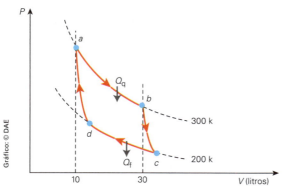

Tendo como referência essas informações, julgue os itens subsequentes.

I. A quantidade de calor $Q_f$ liberado por molécula do gás argônio para o reservatório frio é igual a $200 k_B \cdot \ln 3$, em que $k_B$ é a constante de Boltzmann.

II. O rendimento da máquina de Carnot em questão é de 50%.

III. Independentemente do ciclo de operação, as máquinas reversíveis têm o mesmo rendimento, desde que operem entre duas temperaturas fixas, $T_1$ e $T_2$.

IV. Considerando-se que, em cada ciclo, uma máquina de Carnot remove 200 J de energia de um reservatório a 300 K, então a variação de entropia associada a essa situação é maior que 1,5 J/K.

V. O argônio é um gás monoatômico que pode ser considerado ideal no intervalo de temperatura representado no diagrama P *versus* V.

VI. A razão entre o calor específico a pressão constante e o calor específico a volume constante do gás argônio é igual a 3/5.

VII. A pressão no ponto *a* é igual a 3 vezes a pressão no ponto *b*.

VIII. O volume no ponto *c* é igual a 3 vezes o volume no ponto *d*.

## 9. Luz – Óptica geométrica, espelhos planos

Aqui a luz receberá tratamento geométrico, considerando-a como um raio de luz que se propaga em linha reta em um mesmo meio homogêneo. Ao incidir sobre uma superfície refletora, cada raio reflete-se formando com a reta normal no ponto de incidência, com o mesmo ângulo que forma nessa incidência.

**1.** (FMJ-SP) Fibra óptica é um filamento de vidro, ou de materiais poliméricos, com capacidade de transmitir luz. O filamento pode ter diâmetros variáveis, dependendo de sua aplicação, indo desde diâmetros mais finos que um fio de cabelo até alguns milímetros. A transmissão da luz em seu interior se dá, basicamente,

a) por sucessivas refrações.
b) por sucessivas reflexões.
c) alternando refrações com reflexões.
d) alternando refrações com difrações.
e) alternando reflexões com difrações.

_____
_____
_____
_____
_____

**2.** (UCS-RS) Na sala de espera de um consultório médico há dois espelhos planos verticais, $E_1$ e $E_2$, montados sobre portas que se encontram próximas uma da outra.

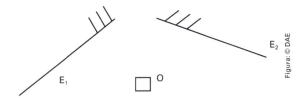

Um objeto real (O) é colocado entre suas superfícies refletoras, como se vê na figura, em que o sistema é visto de cima. Quando os espelhos estão paralelos (180° entre suas faces), a imagem de O é única. Quando o ângulo entre as faces é reduzido para 120° (situação próxima à da figura), observam-se 2 imagens de O. Quando o ângulo formado entre as faces é de 90°, o número de imagens passa a ser 3. Há uma relação entre esse número de imagens e alguns dos ângulos formados entre as faces dos espelhos. Se os espelhos forem colocados com suas faces refletoras frente a frente, o número de imagens observadas será

a) 10.
b) 50.
c) 100.
d) 5 000.
e) infinito.

_____
_____
_____
_____
_____

## 10. Espelhos esféricos – lentes, instrumentos ópticos, olho humano

Ao incidir sobre espelhos esféricos, cada raio luminoso reflete-se formando com a normal o mesmo ângulo de incidência. Alguns raios de trajetórias específicas refletem-se em condições específicas. O raio que na incidência passa pelo foco do espelho reflete-se paralelamente ao eixo óptico principal; o raio que incide sobre o espelho paralelamente ao eixo óptico principal reflete-se passando pelo foco do espelho; o raio que passa pelo centro de curvatura do espelho reflete-se sobre si mesmo; e o raio que incide sobre o vértice, sob certo ângulo com o eixo óptico principal, reflete-se formando o mesmo ângulo simétrico ao de incidência.

Com as lentes acontece algo análogo, exceto por algumas pequenas diferenças: o vértice passa a se chamar centro óptico, e o centro de curvatura do espelho passa a se chamar ponto antiprincipal.

Para o olho humano, o comportamento do raios luminosos é bem próximo ao que apresentam ao refratarem nas lentes. Destaque-se apenas que as anomalias visuais têm suas próprias características.

**1.** (Unicid-SP) Os automóveis modernos vêm equipados com espelhos retrovisores externos não planos do lado direito do motorista. Tais espelhos são

a) convexos, pois ampliam o campo visual do motorista.
b) convexos, pois conjugam apenas imagens reais menores que os objetos.
c) côncavos, pois conjugam imagens virtuais menores que os objetos.
d) côncavos, pois conjugam imagens reais menores que os objetos.
e) côncavos, pois conjugam imagens simétricas dos objetos em relação ao espelho.

_____
_____
_____
_____

**2.** (FGV-SP) A lupa é um instrumento óptico constituído por uma lente de aumento. Para cumprir sua função ela deve ser

a) divergente e estar posicionada a uma distância do objeto analisado menor que sua distância focal.
b) divergente e estar posicionada a uma distância do objeto analisado compreendida entre o foco e o ponto antiprincipal da lente.
c) convergente e estar posicionada a uma distância do objeto analisado menor que sua distância focal.
d) convergente e estar posicionada a uma distância do objeto analisado compreendida entre o foco e o ponto antiprincipal.
e) convergente e estar posicionada a uma distância do objeto analisado maior que a distância focal.

**3.** (Unicid-SP) Uma lente convergente pode funcionar como uma lupa, ou seja, uma lente de aumento. Se a vergência dessa lente for de 2,0 di (dioptrias), para que funcione como lupa, um objeto deverá ser colocado próximo ao eixo óptico principal dela a uma distância de seu centro óptico

a) maior que 1,0 m.
b) exatamente igual a 1,0 m.
c) compreendida entre 0,5 m e 1,0 m.
d) exatamente igual a 0,5 m.
e) menor que 0,5 m.

**4.** (FGV-SP) Uma estudante usou uma lupa para pesquisar a formação de imagens de objetos reais. Num instante de Sol a pino ela conseguiu obter um ponto luminoso no chão, colocando a lupa a 20 cm dele e paralelamente a ele. A seguir, aproximando a lupa a 15 cm de seu celular, obteve uma imagem do celular

a) real, invertida e ampliada.
b) real, invertida e reduzida.
c) virtual, direita e ampliada.
d) virtual, direita e reduzida.
e) virtual, invertida e ampliada.

**5.** (FGV-SP) Para observar o céu, um apreciador de astronomia dispõe de algumas lentes esféricas. Uma dessas lentes, a lente $L_0$, de distância focal $f_0 = +1,00$ m, é utilizada como objetiva, para focalizar uma estrela distante.

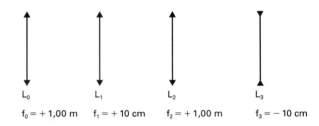

Para conseguir a melhor imagem virtual e ampliada da estrela, o citado observador deve dispor coaxialmente com a lente $L_0$, a lente _____, a uma distância do foco de $L_0$ _____ do que o valor da distância focal _____.

A alternativa que preenche correta e respectivamente as lacunas acima é

a) $L_1$ - menor - $f_1$.
b) $L_1$ - maior - $f_1$.
c) $L_2$ - menor - $f_2$.
d) $L_3$ - menor - $f_3$.
e) $L_3$ - maior - $f_3$.

**6.** (FGV-SP) A figura ilustra uma lente biconvexa de cristal, imersa no ar. **E** é o seu eixo óptico principal.

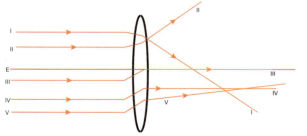

58 **Caderno de revisão**

Considerando satisfeitas as condições de Gauss, a única trajetória correta descrita pelo raio refratado é a da alternativa

a) I.
b) II.
c) III.
d) IV.
e) V.

**7.** (Fameca-SP) Um oftalmologista examina seu paciente e constata que ele enxerga nitidamente somente a partir de 80 cm do seu olho, quando normalmente isso ocorreria a partir de 25 cm (ponto próximo).

a) Quais são as possíveis anomalias visuais que esse paciente apresenta?
b) Que tipo de lente corretiva (convergente ou divergente) o médico deve prescrever para corrigir essa anomalia? Qual deve ser, em dioptrias, a sua vergência?

**8.** (FMJ-SP) O microscópio composto, importante instrumento de observação em medicina, consta, basicamente, de duas lentes convergentes: a objetiva e a ocular.

a) Se o aumento linear transversal da objetiva é $-6$ e o da ocular é $+10$, em quantas vezes a imagem final do objeto observado é aumentada? Qual é a origem do sinal negativo no aumento da objetiva?
b) No esquema proposto, onde $F_1$ e $F_1'$ são os focos da objetiva e $F_2$ e $F_2'$ são os focos da ocular, localize as posições do objeto (O), da imagem ($I_1$) conjugada pela objetiva e da imagem ($I_2$) conjugada pela ocular. Represente-os por setas verticais: O ↑, $I_1$ ↓, $I_2$ ↓.

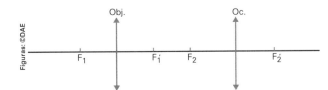

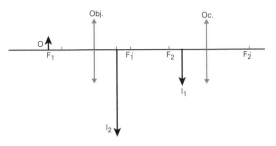

**9.** (Unicid-SP) Um microscópio composto, instrumento de grande utilidade, inclusive em diagnósticos médicos, é formado basicamente de duas lentes esféricas coaxiais: uma objetiva e uma ocular. Para se obter imagens aumentadas de objetos pequenos é necessário que cada lente produza um aumento que, multiplicados um pelo outro, resultem no aumento do instrumento. Para tanto, a imagem conjugada pela objetiva deve ser _____ e a conjugada pela ocular deve _____.

A alternativa que preenche, correta e respectivamente, as lacunas é

a) virtual e direita/real e invertida.
b) virtual e invertida/real e invertida.
c) real e invertida/real e invertida.
d) real e direita/virtual e invertida.
e) real e invertida/virtual e direita.

**10.** (Unicid-SP) O microscópio composto é constituído de 2 lentes esféricas coaxiais: a objetiva B e a ocular C. Sendo a lâmina (objeto real) O e a imagem final virtual I, é correto afirmar que:

a) B e C são convergentes e O deve ser colocada entre o foco e o centro óptico de B.
b) B e C são convergentes e O deve ser colocada entre o foco e o ponto antiprincipal de B.
c) B e C são convergentes e I deve ficar entre o foco e o centro óptico de C.
d) B é convergente, C é divergente e O deve ser colocada entre o foco e o ponto antiprincipal de B.

e) B é convergente, C é divergente e I deve ficar entre o foco e o centro óptico de C.

**11.** (UCS-RS) A figura mostra a foto de um microscópio composto basicamente de 2 lentes esféricas: a objetiva e a ocular. Para que a função primordial do microscópio seja cumprida, o material a ser analisado deve ser depositado sobre uma lâmina que deve estar:

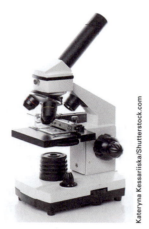

a) sobre o foco principal da objetiva.
b) sobre o foco principal da ocular.
c) entre o foco principal e o ponto antiprincipal da objetiva.
d) entre o centro óptico e o foco principal da objetiva.
e) entre o centro óptico e o foco principal da ocular.

**12.** (UEA-AM) Um espelho e uma lente, esféricos e gaussianos, estão dispostos paralelamente com seus centros ópticos pertencendo ao mesmo eixo principal. A distância focal do espelho é $f_E$ e a da lente é $f_L$, em valor absoluto. Um pequeno objeto (o) é, então, colocado entre ambos sobre o eixo principal, tendo sua imagem conjugada pelo espelho ($i_E$) coincidindo com o próprio objeto. A imagem de ambos, conjugada pela lente ($i_L$), fica disposta simetricamente ao objeto (o) e à imagem ($i_E$) em relação à lente. A figura mostra o esquema do arranjo descrito.

É correto afirmar que os tipos do espelho e da lente, e que a distância entre o espelho e a lente são, respectivamente,

a) côncavo, divergente e $2(f_E + f_L)$.
b) côncavo, convergente e $2(f_E - f_L)$.
c) côncavo, convergente e $2(f_E + f_L)$.
d) convexo, convergente e $2(f_E + f_L)$.
e) convexo, divergente e $2(f_E + f_L)$.

**13.** (UFPE) A figura mostra um par de fibras ópticas, a e b, dispostas paralelamente e de mesmo comprimento. Um pulso de luz é disparado em uma das extremidades das fibras. A luz se propaga, parte pela fibra a, levando o tempo $\Delta t_a$ para percorrer a fibra a, e parte pela fibra, levando o tempo $\Delta t_b$ para percorrer a fibra b. Os índices de refração dos materiais das fibras são, respectivamente, $n_a = 1,8$ e $n_b = 1,5$. Calcule o atraso percentual da luz que vem pela fibra a, em relação à que vem pela fibra b, ou seja, determine a quantidade $\left(\dfrac{\Delta t_a}{\Delta t_b} - 1\right) \cdot 100\%$.

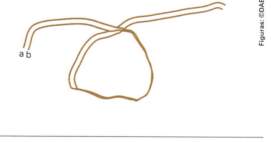

## 11. Som – instrumentos musicais

Neste capítulo, destaca-se que o som é um efeito fisiológico provocado pelas ondas sonoras e que nos é perceptível pelo fenômeno da ressonância. O som não se propaga no vácuo e apresenta qualidades fisiológicas para os seres vivos: altura, intensidade e timbre.

Os instrumentos musicais acústicos têm seu princípio de funcionamento baseado em ondas provocadas em cordas ou perturbações ocasionadas no ar pelo sopro ou por foles.

**1.** (Ufscar-SP) Um homem adulto conversa com outro de modo amistoso e sem elevar o nível sonoro de sua voz. Enquanto isso, duas crianças brincam emitindo gritos eufóricos, pois a brincadeira é um jogo interessante para elas. O que distingue os sons emitidos pelo homem dos emitidos pelas crianças

a) é o timbre, apenas.

b) é a altura, apenas.

c) são a intensidade e o timbre, apenas.

d) são a altura e a intensidade, apenas.

e) são a altura, a intensidade e o timbre.

**2.** (Unicid-SP) Sonia e Suely são duas irmãs que gostam de viajar juntas. Em viagens mais longas ficam cantando para sentirem menos o passar do tempo. Cantam em uníssono mas a voz de Sonia se sobressai por ser mais potente. Pode-se afirmar corretamente que os sons emitidos por elas têm a(o,s) mesma(o,s)

a) altura, intensidade e timbre.

b) altura e timbre, e intensidades diferentes.

c) altura e intensidade, e timbres diferentes.

d) altura, e intensidade e timbre diferentes.

e) intensidade, e altura e timbre diferentes.

**3.** (FGV-SP) A nota *lá* da escala cromática musical é tida como referência na afinação dos instrumentos. No violão comum de 6 cordas, a quinta corda (segunda de cima para baixo), devidamente afinada, emite a nota *lá* vibrando com frequência de 220 Hz. Se o instrumentista colocar seu dedo num traste localizado a meia distância dos extremos desta corda e percuti-la, ele ouvirá a nota *lá* vibrando com frequência

a) 440 Hz, mantida a velocidade de propagação da onda formada.

b) 110 Hz, mantida a velocidade de propagação da onda formada.

c) 440 Hz, com velocidade de propagação da onda dobrada.

d) 110 Hz, com velocidade de propagação de onda dobrada.

e) 110 Hz, com velocidade de propagação de onda reduzida a metade.

**4.** (Unicid-SP) Uma emissora de rádio emite ondas eletromagnéticas através de sua antena. A intensidade (I) de recepção nos aparelhos de rádio depende da potência (P) de emissão das ondas e da distância (d) entre a antena e o aparelho. Experiências mostram que a expressão que as relaciona é $I = \dfrac{P}{(4 \cdot \pi \cdot d^2)}$.

Assim, se uma pessoa que recebia o sinal da emissora durante o dia com intensidade $I_1$, num certo lugar, for para outro duas vezes mais distante e sintonizar a emissora à noite, quando a potência de transmissão é reduzida pela metade, a nova intensidade recebida será $I_2$, tal que

a) $I_2 = \dfrac{I_1}{2}$.

b) $I_2 = \dfrac{I_1}{4}$.

c) $I_2 = \dfrac{I_1}{8}$.

d) $I_2 = \dfrac{I_1}{12}$.

e) $I_2 = \dfrac{I_1}{16}$.

Caderno de revisão

**5.** (UEA-AM) A figura a seguir mostra os registros de sons de mesma frequência emitidos por diversas fontes sonoras.

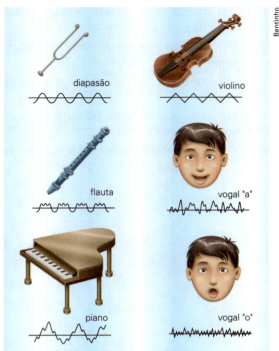

Sobre a figura é correto afirmar que esses sons

a) se distinguem pela formação dos harmônicos resultando em diferentes timbres.

b) se distinguem pela formação dos harmônicos resultando em diferentes intensidades.

c) emitem a mesma nota musical mas de diferentes duração e intensidade.

d) emitem notas musicais diferentes mas de mesmas altura e intensidade.

e) podem ser ouvidos apenas pelos seres humanos capazes de distingui-los pela sua altura.

_____
_____
_____
_____

**6.** (UnB-DF)

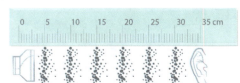

A figura acima é uma representação esquemática de um experimento acerca da propagação de uma onda sonora no ar, cuja velocidade é de 340 m/s. Os pontos pretos representam as densidades de partículas do ar em cada ponto do espaço entre o alto-falante e o observador. Com base nessas informações, julgue os itens A, B e C.

A. Se o experimento fosse realizado no vácuo, seriam observadas ondas sonoras com a mesma frequência das ondas no ar.

B. Para que um corpo vibre em ressonância com outro corpo, é necessário que as frequências naturais dos corpos sejam próximas e que eles sejam constituídos do mesmo material.

C. Na representação mostrada, a frequência da onda sonora é igual a 5 kHz

_____
_____
_____
_____

## 12. Eletrostática

O ponto de partida deste tópico é a carga elétrica elementar. Os processos de eletrização, o estudo da força elétrica e os conceitos de campo e potencial elétrico constituem os principais fundamentos da eletrostática.

Lei de Coulmb: $F = \dfrac{K \cdot Q \cdot q}{d^2}$; Campo elétrico: $E = \dfrac{F}{q}$; Linhas de força: saem das cargas positivas e chegam às negativas; Potencial elétrico: $V = \dfrac{E_{energia\ potencial}}{q}$; Diferença de potencial elétrico: $U = \dfrac{\Delta E_{energia\ potencial}}{q}$

Campo e potencial elétricos são propriedades dos pontos de uma região sob influência de cargas geradoras.

**1.** (FMJ-SP) O cobalto é um elemento químico muito utilizado na medicina, principalmente em radioterapia. Seu número atômico é 27, e cada elétron tem carga elétrica de $-1,6 \cdot 10^{-19}$ C. A carga elétrica total dos elétrons de um átomo de cobalto é, em valor absoluto e em C, igual a

a) $4,32 \cdot 10^{-18}$

b) $4,32 \cdot 10^{-19}$

c) $4,32 \cdot 10^{-20}$

d) $1,68 \cdot 10^{-18}$

e) $1,68 \cdot 10^{-19}$

_____
_____
_____
_____
_____

**2.** (FMJ-SP) No átomo de hidrogênio, o elétron, de massa $m$ e carga elétrica de módulo $e$, gira em torno do próton, de carga elétrica $e$ também, a uma distância $R$. A força elétrica $F_e$ que atua sobre o elétron é centrípeta e também obedece à lei de Coulomb. A constante dielétrica do meio é $k$.

a) Escreva a expressão da velocidade angular $\omega$ do elétron, em função dos dados fornecidos.

b) Determine, em função de $F_e$, a força $F'$ entre uma partícula α (núcleo do hélio) e um elétron que a orbite a uma distância $2R$.

_____
_____
_____
_____
_____

**3.** (FGV-SP) A figura representa algumas linhas de força de um campo elétrico uniforme e três pontos internos A, B e C desse campo. A reta que passa pelos pontos A e C é perpendicular às linhas de força.

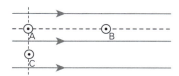

É correto afirmar que

a) A e B têm o mesmo potencial elétrico e maior que o de C.

b) A e B têm o mesmo potencial elétrico e menor que o de C.

c) A e C têm o mesmo potencial elétrico e maior que o de B.

d) os potenciais elétricos dos pontos A, B e C guardam a relação $V_A < V_B < V_C$.

e) os potenciais elétricos dos pontos A, B e C guardam a relação $V_A > V_B > V_C$.

_____
_____
_____
_____

**4.** (FGV-SP) No interior de um campo elétrico uniforme, uma partícula, de massa $m$ e eletrizada com carga $q$, é abandonada do repouso no ponto A da superfície equipotencial $V_1$. Ela é acelerada pela força do campo até o ponto B da superfície equipotencial $V_2$, distante $d$ de $V_1$.

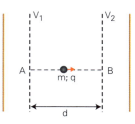

Desprezados os efeitos gravitacionais, a velocidade com que a partícula passará pelo ponto B depende

a) diretamente da diferença de potencial $V_1 - V_2$.

b) diretamente da raiz quadrada da diferença de potencial $V_1 - V_2$.

c) diretamente da razão $\dfrac{q}{m}$ entre a carga e a massa da partícula.

d) inversamente da raiz quadrada da razão $\dfrac{q}{m}$ entre a carga e a massa da partícula.

e) inversamente da distância $d$ entre as superfícies equipotenciais $V_1$ e $V_2$.

_____
_____
_____
_____
_____
_____
_____

**5.** (FGV-SP) Duas placas metálicas planas A e B, dispostas paralela e verticalmente a uma distância mútua $d$, são eletrizadas com cargas iguais mas de sinais opostos, criando um campo elétrico uniforme $E$ em seu interior, onde se produz um vácuo. A figura mostra algumas linhas de força na região mencionada.

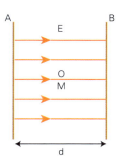

Uma partícula, de massa $m$ e carga positiva $q$, é abandonada do repouso no ponto médio M entre as placas. Desprezados os efeitos gravitacionais, essa partícula deverá atingir a placa _____ com velocidade $v$ dada por _____. A alternativa que preenche correta e respectivamente as lacunas é

a) A; $v = \dfrac{m \cdot E \cdot d}{q}$

b) A; $v = \dfrac{q \cdot E \cdot d}{m}$

c) A; $v = \sqrt{\dfrac{q \cdot E \cdot d}{m}}$

d) B; $v = \sqrt{\dfrac{m \cdot E \cdot d}{q}}$

e) B; $v = \sqrt{\dfrac{q \cdot E \cdot d}{m}}$

_____
_____
_____
_____
_____

**6.** (Unicid-SP) A figura mostra o esquema de montagem de duas placas planas e paralelas A e F, separadas de 5,0 cm uma da outra, eletrizadas com cargas negativa e positiva, respectivamente, distribuídas de maneira uniforme em suas superfícies. Essa distribuição gera um campo elétrico uniforme de intensidade $1,0 \cdot 10^4$ N/C na região interna entre as placas. As superfícies equipotenciais B, C, D e E são equidistantes entre si e de A e F.

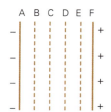

As diferenças de potencial $U_{BC}$ e $U_{DF}$ serão, em volts, respectivamente,

a) $1,0 \cdot 10^2$ e $2,0 \cdot 10^2$
b) $2,0 \cdot 10^2$ e $1,0 \cdot 10^2$
c) $1,0 \cdot 10^3$ e $2,0 \cdot 10^3$
a) $2,0 \cdot 10^3$ e $1,0 \cdot 10^3$
e) $5,0 \cdot 10^3$ e $1,0 \cdot 10^3$

_____
_____
_____

**7.** (FGV-SP) Muitos experimentos importantes para o desenvolvimento científico ocorreram durante o século XIX. Entre eles destaca-se a experiência de Millikan que determinou a relação entre a carga $q$ e a massa $m$ de uma partícula eletrizada e que, posteriormente, levaria à determinação da carga e da massa das partículas elementares. No interior de um recipiente cilíndrico, em que será produzido alto vácuo, duas placas planas e paralelas, ocupando a maior área possível, são mantidas a uma curta distância $d$, e entre elas é estabelecida uma diferença de potencial elétrico constante $U$. Variando-se $d$ e $U$, é possível fazer com que uma partícula de massa $m$ eletrizada com carga $q$ fique equilibrada, mantida em repouso entre as placas. No local da experiência a aceleração da gravidade é constante, de intensidade $g$.

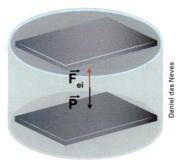

Nessas condições, a relação $q/m$ será dada por

a) $\dfrac{d \cdot U^2}{g}$

b) $\dfrac{g \cdot U^2}{d}$

c) $\dfrac{d \cdot g}{U^2}$

d) $\dfrac{d \cdot U}{g}$

e) $\dfrac{d \cdot g}{U}$

_____
_____
_____
_____
_____

## 13. Eletrodinâmica

A corrente elétrica, fluxo ordenado de cargas, é gerada quando entre dois pontos há uma diferença de potencial ou tensão elétrica, e é definida como a quantidade de cargas que atravessa determinada seção por unidade de tempo; daí sua unidade, no SI, ampère, coulomb/segundo; $i = \dfrac{Q}{\Delta t}$. Para determinados elementos atravessados por corrente elétrica, há uma proporção direta entre a tensão à qual são submetidos e a intensidade dessa corrente. Tais elementos são os resistores ôhmicos, e para eles vale a 1ª lei de Ohm: $U = R \cdot i$. A constante de proporcionalidade $R$ é denominada resistência elétrica, e sua unidade, volt/ampère, é chamada de ohm, simbolizada por $\Omega$. Para os demais resistores não há proporção direta entre a tensão e a corrente, e cada tipo de elemento tem sua função característica.

Resistores podem ser associados em série ("fila indiana") ou em paralelo (um ao lado do outro) sujeitos a uma mesma tensão. Na associação em série todos os resistores são atravessados pela mesma corrente elétrica, suportando tensões que lhes são diretamente proporcionais (quanto maior a resistência, maior a tensão); na associação em paralelo, a corrente que atravessa cada resistor é inversamente proporcional à sua resistência (quanto maior a resistência, menor a corrente).

A potência que os resistores dissipam é importante fator de análise nos circuitos elétricos:

$\text{Pot} = \dfrac{\Delta E_{energia}}{\Delta t} = i \cdot U$. Para resistores ôhmicos, temos: $\text{Pot} = R \cdot i^2$ ou $\text{Pot} = \dfrac{U^2}{R}$.

1. (Unicid-SP) As baterias de automóveis, apesar de apresentarem a mesma força eletromotriz de 12 V, têm diferentes tamanhos porque armazenam diferentes quantidades de carga elétrica; quase sempre as maiores armazenam mais carga e destinam-se a carros maiores, mais pesados e que demandam mais energia para serem movidos. Um dos modelos de bateria mais utilizados é o de 45 A · h, que é capaz de fornecer uma corrente elétrica contínua, constante, de 45 A, durante uma hora de funcionamento.

A carga de 45 A · h, quando convertida em coulomb, unidade do Sistema Internacional, vale
a) $1{,}62 \cdot 10^5$
b) $1{,}62 \cdot 10^4$
c) $1{,}62 \cdot 10^3$
d) $1{,}62 \cdot 10^2$
e) $1{,}62 \cdot 10$

2. (FMJ-SP) Uma empresa fabricante de focos cirúrgicos informa que as lâmpadas de seus equipamentos são bivolt (110 V/220 V) e de potência 165 W. As correntes elétricas, em A, que percorrem essas lâmpadas quando ligadas, respectivamente, em 110 V e 220 V, são
a) 0,0136 e 0,0034.
b) 0,67 e 1,33.
c) 1,22 e 0,87.
d) 1,5 e 0,75.
e) 2,25 e 0,56.

3. (UFTM-MG) As especificações do fabricante de um chuveiro elétrico são: 5 500 W-3 500 W-220 V. Quando ligado normalmente, ele fornecerá água quente na posição de maior potência de consumo, e água morna na de menor potência. A razão entre as resistências elétricas desse chuveiro e a razão entre as correntes elétricas que as percorrem, mantidas na ordem que está apresentada, valem, respectivamente,
a) $\dfrac{11}{7}$ e $\dfrac{11}{7}$.
b) $\sqrt{\dfrac{11}{7}}$ e $\dfrac{11}{7}$.
c) $\dfrac{7}{11}$ e $\dfrac{11}{7}$.
d) $\sqrt{\dfrac{7}{11}}$ e $\dfrac{7}{11}$.
e) $\dfrac{7}{121}$ e $\dfrac{7}{11}$.

4. (FGV-SP) Analise as afirmações.
   I. A energia gerada por uma usina hidrelétrica é de 800 MW. Em um dia ela produz 19,2 kWh de potência.
   II. Um aparelho de som traz a inscrição 12 W-127 V. A energia que ele consome em 5 h de funcionamento, quando ligado adequadamente, é de $6{,}0 \cdot 10^{-2}$ kWh.
   III. Uma lâmpada de filamento, cuja especificação é 60 W-220 V, queima quando ligada na rede de 127 V.
   É correto apenas o que se afirma em
   a) I.
   b) II.
   c) III.
   d) I e II.
   e) II e III.

**5.** (Ufscar-SP) A figura mostra o farol de um automóvel. O farol consta de uma lente externa e um fundo espelhado para aumentar o poder de iluminação de suas três lâmpadas: a das luzes alta e baixa, a de lanterna e a de seta. A especificação do fabricante para uma delas é: 5 W – 12 V.

Quando acesa, essa lâmpada terá seu filamento atravessado por uma corrente elétrica, em mA, mais próxima de

a) 380.
b) 400.
c) 420.
d) 460.
e) 480.

_____
_____
_____

**6.** (Unicid-SP) No selo de especificações de um aparelho eletrodoméstico consta a indicação: 2 200 W-110 V. Com a finalidade de proteger o aparelho contra eventuais sobrecargas, seu proprietário deseja escolher uma chave disjuntora. A mais adequada dentre as propostas é a de

a) 5 A.
b) 10 A.
c) 15 A.
d) 20 A.
e) 25 A.

_____
_____
_____

**7.** (UCS-RS) A potência nominal de consumo de um aparelho de diagnóstico por imagem de certo hospital é de 2 500 W. Sabe-se que ele opera com rendimento de 90%, trabalhando durante 5 min. de cada vez e 12 vezes a cada dia, durante 20 dias úteis por mês. Se o kWh custa R$ 0,90, a despesa mensal de energia elétrica devido ao uso desse aparelho é, em reais, de

a) 4,05.
b) 25,00.
c) 38,50.
d) 40,50.
e) 385,00.

_____
_____
_____
_____

**8.** (UEA-AM) Uma residência possui n lâmpadas idênticas de potência P cada uma, conectadas a uma tensão U, que ficam acesas, em média, t horas por dia. A empresa distribuidora de energia elétrica cobra x reais por kW · h consumido, fora os impostos. Imaginando todas as lâmpadas acesas diária e simultaneamente, a corrente elétrica a ser lançada pela caixa de entrada e a despesa mensal (30 dias) devida ao consumo de energia elétrica dessas lâmpadas, serão, em função das variáveis apresentadas, respectivamente expressos por

a) $\dfrac{n \cdot P}{U}$ e $\dfrac{30n \cdot P}{t \cdot x}$

b) $\dfrac{n \cdot P}{U}$ e $30n \cdot P \cdot t \cdot x$

c) $\dfrac{n \cdot P}{U}$ e $\dfrac{30n \cdot P \cdot x}{t}$

d) $n \cdot P \cdot U$ e $\dfrac{30n \cdot P \cdot x}{t}$

e) $n \cdot P \cdot U$ e $30n \cdot P \cdot t \cdot x$

_____
_____
_____
_____
_____

**9.** (Unicid-SP) A figura ilustra o esboço de uma bateria B, de tensão contínua, alimentando um circuito C, com fios ideais de conexão e instrumentos de medidas elétricas 1 e 2.

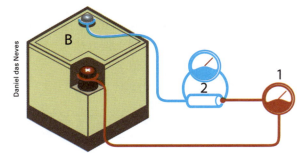

Para que a leitura nos instrumentos 1 e 2 seja correta, é necessário que 1 e 2 sejam, respectivamente,

a) ohmímetro e voltímetro.
b) voltímetro e ohmímetro.
c) amperímetro e voltímetro.
d) voltímetro e multímetro.
e) multímetro e amperímetro.

**10.** (Unicid-SP) Um estudante do Ensino Médio dispõe de resistores ôhmicos $R_1$ e $R_2$, de diferentes resistências. Ele sabe que quando $R_1$ é associado em série com $R_2$, a resistência equivalente é de 10 $\Omega$ e quando associados em paralelo a resistência equivalente é de 2,1 $\Omega$. A figura representa o circuito montado pelo estudante.

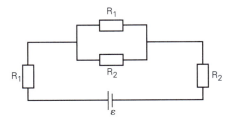

Nesse circuito, a resistência equivalente, em ohms, vale

a) 10,1.
b) 11,1.
c) 12,1.
d) 13,1.
e) 14,1.

**11.** (UFTM-MG) Um conjunto de 100 lâmpadas idênticas para ornamentar árvores de natal domésticas, em que cada lâmpada dissipa 2,4 W de potência, é associado de modo que 50 lâmpadas, ligadas em série, estejam em paralelo com as outras 50 ligadas em série, também.

a) Se o conjunto for ligado a uma rede elétrica de 120 V, qual será a tensão nos terminais de cada lâmpada e qual será a intensidade da corrente elétrica através de cada uma?

b) Se uma lâmpada "queimar", o que acontecerá com o brilho das demais 49 lâmpadas associadas em série com ela? E com o brilho das outras 50?

**12.** (FGV-SP) Uma loja tem instaladas, em paralelo, várias lâmpadas idênticas, cada uma com a especificação: 25 W; 220 V. Logo após a caixa de entrada há um disjuntor de 10 A protegendo a instalação da loja, especificamente as lâmpadas. O gerente da loja, desconfiado da capacidade do disjuntor, faz algumas operações e chega corretamente ao número máximo de lâmpadas que podem ser acesas simultaneamente, sem desligar o disjuntor. Tal número é

a) 22.
b) 53.
c) 87.
d) 115.
e) 135.

# 14. Eletromagnetismo – campos – força

Os ímãs são o ponto de partida dos estudos de eletromagnetismo, do qual se destaca o conceito de campo magnético, que pode ser gerado, também, por cargas elétricas em movimento e, em consequência, por correntes elétricas. Os elementos em questão percorridos por correntes elétricas são os fios retilíneos, as espiras, as bobinas e os solenoides. Eles geram campos magnéticos com orientações e intensidades peculiares. Cargas elétricas não geradoras, mas que estejam em movimento no interior de campos magnéticos, são suscetíveis à ação de forças magnéticas, proporcionais aos valores das cargas, das componentes das velocidades com que se deslocam e das intensidades dos campos: $F_{magn} = q \cdot v \cdot B \cdot \text{sen}\theta$.

No caso de fios percorridos por corrente, a expressão se transforma em: $F_{magn} = B \cdot i \cdot L \cdot \text{sen}\theta$.

É possível, também, obter corrente elétrica ou tensão elétrica ao se movimentar condutores no interior de campos magnéticos. Trata-se da indução eletromagnética, cuja compreensão requer o conceito de fluxo magnético ($\Phi$).

A tensão induzida ($\varepsilon$) nos terminais de um elemento resistivo é dada pela variação do fluxo magnético ocorrida em um intervalo de tempo, $\varepsilon = \dfrac{\Delta \Phi}{\Delta t}$, em que o fluxo $\Phi$ é definido como a intensidade do campo magnético perpendicular a certa área: $\Phi = B \cdot A \cdot \text{sen}\theta$.

1. (FGV-SP) Várias empresas que prestam serviços a residências, ou outras empresas, oferecem a seus clientes os famosos ímãs de geladeira, justamente para serem lembrados nos momentos de necessidade. Certa dona de casa não grudou na geladeira um ímã que recebera, esquecendo-o numa gaveta de armário. Após certo tempo, ao deparar com o ímã na gaveta, tentou grudá-lo na geladeira, mas ele, desmagnetizado, desprendeu-se caindo no chão. Para magnetizá-lo novamente ela poderá atritá-lo com uma barra de ferro em movimentos
   a) circulares de um mesmo sentido.
   b) circulares de sentidos alternados.
   c) retilíneos de um mesmo sentido.
   d) retilíneos de sentidos alternados.
   e) parabólicos de sentidos alternados.

2. (Unicid-SP) A figura ilustra a trajetória descrita por dois feixes de isótopos de uma amostra de material colhido em um laboratório de análises clínicas e que foi ionizado positivamente. Cada feixe descreve uma trajetória de forma circular, a partir do ponto A, no sentido horário, no interior de um campo

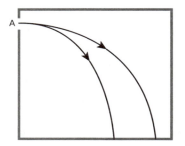

   a) magnético de linhas de indução perpendiculares ao plano da folha, saindo dela.
   b) magnético de linhas de indução perpendiculares ao plano da folha, entrando nela.
   c) magnético de linhas de indução paralelas ao plano da folha, apontando para baixo.
   d) elétrico de linhas de campo perpendiculares ao plano da folha, saindo dela.
   e) elétrico de linhas de campo paralelas ao plano da folha, apontando para baixo.

3. (FGV-SP) Uma partícula dotada de massa e eletrizada negativamente é lançada, com velocidade inicial $v_o$, para o interior de uma região A onde impera um campo elétrico uniforme. A partícula segue a trajetória retilínea paralela ao plano da folha, mostrada na figura. Logo após atravessar a região A, a partícula ingressa na região B, com velocidade $v > v_o$, onde há um campo magnético uniforme, orientado perpendicularmente ao plano da folha, apontando para fora dela.

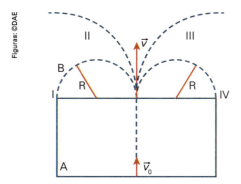

É correto afirmar que a orientação do campo elétrico em A é paralela ao plano da folha, no
   a) mesmo sentido de $v_o$; em B a partícula segue a trajetória circular I de raio R.
   b) sentido oposto ao de $v_o$; em B a partícula segue a trajetória circular I de raio R.
   c) sentido oposto ao de $v_o$; em B a partícula segue a trajetória circular IV de raio R.
   d) sentido oposto ao de $v_o$; em B a partícula segue a trajetória parabólica II.
   e) mesmo sentido de $v_o$; em B a partícula segue a trajetória parabólica III.

**4.** (FMJ-SP) A figura mostra um dispositivo em que um pedaço de fio de cobre, em forma de trapézio de circo, tem sua base AB imersa em um campo magnético produzido por um ímã em forma de ferradura.

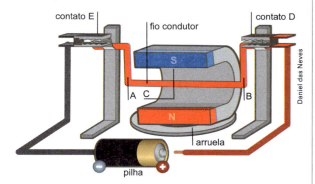

Quando o fio da direita for conectado ao terminal negativo da pilha, a corrente elétrica através do fio fará com que a base AB sofra uma força dirigida para

a) o polo sul (S) do ímã.
b) o polo norte (N) do ímã.
c) dentro do ímã.
d) fora do ímã.
e) o ponto A do fio.

**5.** (Unicid-SP) Os laboratórios de análises clínicas possuem um aparelho, chamado espectrômetro de massa, cuja função é separar isótopos de um mesmo elemento químico e assim diagnosticar possíveis moléstias pela separação de células doentes de células sadias.

A figura mostra o esquema de um espectrômetro de massa onde há uma região exposta a um campo magnético uniforme e um feixe de elétrons descrevendo uma trajetória semicircular no sentido indicado.

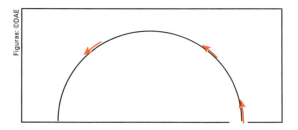

A orientação do campo magnético nessa região é a da alternativa

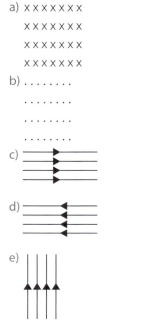

## 15. Ondas mecânicas e eletromagnéticas

Ondas são perturbações que ocorrem em um meio, ou mesmo na ausência dele, e que transportam energia e não matéria. Podem ser mecânicas ou eletromagnéticas.

As ondas mecânicas não se propagam no vácuo e podem ser transversais ou longitudinais; já as ondas eletromagnéticas propagam-se no vácuo também, além de em outros meios, e são apenas transversais. O conjunto de todas as ondas eletromagnéticas existentes na natureza é chamado de espectro eletromagnético.

As grandezas físicas associadas às ondas periódicas são o período (e consequentemente a frequência), o comprimento de onda e a velocidade de propagação, e se relacionam pela expressão: $v = \lambda \cdot f$ ou $v = \dfrac{\lambda}{T}$.

**1.** (UFTM-MG) Em certo experimento que visa estudar o comportamento das cordas vibrantes, uma corda homogênea é presa por uma de suas extremidades a uma parede. Na outra extremidade há um pequeno motor M que, uma vez ligado, a faz vibrar com frequência $f$ quando, então, formam-se as ondas estacionárias da figura I. Mantida a força de tração na corda, a frequência é alterada para um valor $f'$ quando formam-se as ondas estacionárias da figura II.

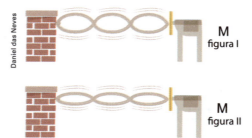

A frequência $f'$ guarda com $f$ a relação

a) $f' = \dfrac{2}{3} \cdot f$.

b) $f' = \dfrac{3}{4} \cdot f$.

c) $f' = \dfrac{4}{5} \cdot f$.

d) $f' = \dfrac{5}{4} \cdot f$.

e) $f' = \dfrac{4}{3} \cdot f$.

_____
_____
_____
_____
_____

**2.** (Unicid-SP) Nas águas paradas de um lago com margens espraiadas, uma fonte imóvel em relação às margens produz ondas periódicas. Tais ondas, ao se aproximarem das margens, têm

a) diminuídas a velocidade de propagação e a frequência de oscilação.

b) diminuídos o comprimento de onda e a frequência de oscilação.

c) diminuído o comprimento de onda e mantida constante a frequência de oscilação.

d) mantidas constantes a velocidade de propagação e a amplitude de oscilação.

e) mantidos constantes o comprimento de onda e a frequência de oscilação.

_____
_____
_____
_____
_____

**3.** (Ufscar-SP) Certa estação de rádio opera em FM na frequência de 90,3 MHz. As ondas de rádio que viajam desde a antena transmissora até o aparelho receptor são eletromagnéticas, e sua velocidade no ar é praticamente a mesma da luz, 300 000 km/s. O comprimento de onda das ondas emitidas por essa estação é, em metros, mais próximo de

a) 0,30.  
b) 3,0.  
c) 3,3.  
d) 30.  
e) 33.

_____
_____
_____
_____
_____

**4.** (FGV-SP - Adaptada) Um feixe de luz branca do Sol, vindo do ar, encontra um bloco cúbico de vidro sobre o qual incide obliquamente; refrata dispersando-se em forma de leque em seu interior.

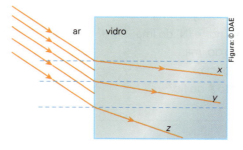

Na figura, x, y e z são alguns de seus raios de luz monocromática originários da dispersão da luz branca, e formam ângulos que guardam a relação $x < y < z$ com as respectivas normais nos pontos de inserção no bloco. Considerando a luz como onda eletromagnética, é correto afirmar que

a) as frequências de vibração das ondas dispersas guardam a relação $f_x = f_y = f_z$.

b) as velocidades de propagação das ondas dispersas guardam a relação $v_x \geq v_y \geq v_z$.

c) os comprimentos de onda das ondas dispersas guardam a relação $\lambda_x > \lambda_y > \lambda_z$.

d) os índices de refração dos raios dispersos guardam a relação $n_x > n_y > n_z$.

e) as frentes de ondas dispersas deslocam-se no vidro com a mesma velocidade.

**5.** (FGV-SP) A figura representa a planta baixa de uma cuba retangular de bordas espraiadas, repleta de água, com duas profundidades constantes mas diferentes: a região profunda, à esquerda, e a região rasa, à direita. Frentes de ondas retas periódicas são produzidas pela fonte vibratória F e se propagam da região profunda para a região rasa. A mudança de profundidade ocorre em linha reta entre A e B.

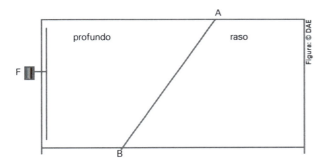

É correto afirmar que na região rasa as ondas vibram com

a) frequência maior que na região profunda, mas mantêm constante seu comprimento de onda.
b) frequência menor que na região profunda e têm diminuída sua velocidade de propagação.
c) a mesma frequência da região profunda, mas têm aumentado seu comprimento de onda.
d) a mesma frequência da região profunda, mas têm diminuída sua velocidade de propagação.
e) a mesma frequência da região profunda, mas têm aumentada sua amplitude de oscilação.

**6.** (USCS-SP) Ao se submeter a um exame de ressonância magnética em sua cabeça, um paciente ouve sons cuja frequência o operador revela ser de 160 Hz. Sabe-se que a velocidade do som nas condições do exame é de 330 m/s. Assim, é correto afirmar que o comprimento de onda das ondas sonoras causadoras desta sensação ao paciente é da ordem

a) do diâmetro de um fio de cabelo.
b) do diâmetro de uma bola de tênis.
c) da largura de um automóvel de passeio.
d) da extensão de um campo oficial de futebol.
e) da distância entre as cidades de São Paulo e Rio de Janeiro.

**7.** (UnB-DF – Adaptada)

| N | Propriedade | Ondas mecânicas | Ondas eletromagnéticas |
|---|---|---|---|
| 0 | Tem comprimento de onda associado | $a_0 =$ | $b_0 =$ |
| 1 | Tem frequência associada | $a_1 =$ | $b_1 =$ |
| 2 | O movimento é estritamente transversal | $a_2 =$ | $b_2 =$ |
| 3 | Transporta energia | $a_3 =$ | $b_3 =$ |
| 4 | Transporta matéria | $a_4 =$ | $b_4 =$ |
| 5 | Propaga-se no vácuo | $a_5 =$ | $b_5 =$ |
| 6 | Velocidade depende do referencial | $a_6 =$ | $b_6 =$ |
| 7 | Comporta-se como onda e partícula | $a_7 =$ | $b_7 =$ |

Considerando a tabela dada, que apresenta 8 propriedades das ondas, numeradas de 0 a 7, faça o que se pede no item a seguir.

Se, na tabela, a propriedade n (0 ≤ n ≤ 7) for verdadeira para ondas mecânicas, então $a_n = 1$; caso contrário $a_n = 0$. O mesmo vale para as ondas eletromagnéticas.

_____
_____
_____
_____
_____
_____
_____

## 16. Cor – espectroscopia

Ao refratar em um prisma de vidro, acrílico ou outro material sólido e transparente, a luz branca do Sol se decompõe formando o chamado espectro luminoso. A consequência desse fenômeno é de suma importância, pois levou a um inestimável desenvolvimento da Física e da Ciência de modo geral. O efeito Doppler da luz, o diagrama HR (Hertzsprung-Russel), a relação entre a luz emitida e a temperatura superficial nos corpos celestes são exemplos de pesquisas bem-sucedidas e que partiram do simples fenômeno da dispersão da luz branca do Sol.

**1.** (Unicid-SP) Analise as afirmações seguintes.
I. O arco-íris é formado pelas dispersões que os raios de luz branca sofrem no interior das gotas de água condensadas e em suspensão no ar.
II. Os astronautas que pisaram na Lua, ao olharem para cima, encontraram o céu negro, pois na superfície lunar não há atmosfera.
III. Os astronautas, ao se afastarem da Terra para fora de sua atmosfera, veem a Terra da cor azul, pois os raios luminosos que a Terra reflete são dessa cor.

É correto o que se afirma em
a) I, apenas.
b) I e II, apenas.
c) I e III, apenas.
a) II e III, apenas.
e) I, II e III.

_____
_____

**2.** (FGV-SP) Sabe-se que quando a luz branca do Sol, após refratar em um prisma de acrílico ou de vidro, dispersa-se em um leque de cores formando o que se chama de espectro. Na figura, representa-se o prisma por P, a tela em que se vê o espectro por T e o meio de onde a luz branca veio por M.

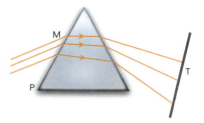

Se M for
a) uma lâmpada de gás hidrogênio aquecido e pouco denso, o espectro apresentará linhas coloridas claras de emissão.
b) a atmosfera terrestre, considerada fria, o espectro apresentará linhas escuras de absorção.
c) um gás fortemente comprimido e muito denso, o espectro tanto poderá ser contínuo como apresentar linhas escuras de emissão.
d) a atmosfera saturniana, considerada fria, o espectro tanto poderá ser contínuo como apresentar linhas claras de absorção.
e) um líquido aquecido, o espectro apresentará linhas contínuas e escuras de emissão.

_____
_____
_____
_____
_____

**3.** (OBF) Uma fonte *laser* se caracteriza por emitir radiação monocromática. Um tipo bem conhecido dessa fonte é a chamada "canetinha *laser*", que emite luz vermelha. Diferentemente da "luz branca" de uma fonte comum, pode-se verificar que com a luz deste *laser* não é possível obter a
a) reflexão num espelho plano.
b) refração num vidro transparente.
c) interferência com uma rede de difração.
d) difração num objeto de pequenas dimensões.
e) decomposição num prisma óptico.

_____
_____

**4.** (UFV-MG) Ao observar o espectro eletromagnético de uma galáxia distante, percebeu-se que os comprimentos de onda da luz emitida por alguns elementos químicos existentes na galáxia eram maiores que os comprimentos de onda emitidos pelos mesmos elementos aqui na Terra. É correto afirmar que este fenômeno pode ser explicado

a) pela interferência da luz devido aos elementos óticos do telescópio.

b) pelo efeito Doppler da luz devido à expansão do universo.

c) pela dispersão da luz no vácuo devido à luz não ser monocromática.

d) pela refração da luz devido à atmosfera terrestre.

_____

_____

_____

_____

**5.** (UFV-MG) Preencha a lacuna usando os dados da tabela abaixo.

Um objeto opaco apresenta cor vermelha quando iluminado por luz branca porque ele _____ a cor vermelha.

| absorve | diverge | igualmente | negativo |
|---|---|---|---|
| amplitude | divergente | longitudinal | planas |
| antes | eletromagnética | maior | positivo |
| constante | embaixo | mais | reflete |
| convergentes | em cima | menor | transmite |
| depois | fase | menos | transversal |
| difrata | frequência | não necessita | variável |
| direção | igual | necessita | velocidade |

_____

_____

_____

_____

_____

# 17. Física moderna: radiação e matéria – relatividade

Nos séculos XIX e XX a Física passou por grandes fases de desenvolvimento, gerando e acompanhando importantes passos que mudaram o curso da História da Ciência. Cientistas como Einstein, Bohr, Fizeau, Maxwell, Faraday e outros tantos foram protagonistas de uma verdadeira revolução científica.

A relatividade geral e restrita, com seus princípios da absoluta velocidade da luz, da relatividade das grandezas comprimento, massa e tempo pelo fator de Lorenz $\left(\sqrt{1 - \frac{v^2}{c^2}}\right)^{-1}$; o efeito fotoelétrico; a dualidade onda-partícula da luz; os modelos atômicos de Bohr, Rutherford, Thomson; a descoberta de partículas sub-atômicas; entre outros, são alguns dos tópicos da chamada Física Moderna que aqui passa a ser abordada.

**1.** (FGV-SP) Próximo do final do século XVIII, alguns cientistas (Hertz, Maxwell, Thomson, Lenard) se envolveram na pesquisa de um certo fenômeno que ficou conhecido como efeito fotoelétrico. O efeito fotoelétrico consiste na emissão de partículas $\alpha$ de um corpo atingido por radiação eletromagnética.

a) raios $\gamma$ de uma superfície líquida atingida por ondas sonoras.

b) elétrons de uma massa gasosa sobre a qual incidem ondas mecânicas.

c) elétrons de uma superfície metálica atingida por radiação eletromagnética.

d) pósitrons de uma superfície metálica atingida por radiação eletromagnética.

_____

_____

_____

**2.** (UFPE) A respeito do modelo atômico de Rutherford, podemos afirmar que

0-0) em seu modelo atômico, Rutherford propôs que os elétrons se moviam em órbitas elípticas quantizadas ao redor do núcleo.

1-1) Rutherford teve dificuldades em explicar a estabilidade atômica com o seu modelo.

2-2) de acordo com o modelo de Rutherford, o Hidrogênio era o único elemento químico a ter as linhas do seu espectro calculadas quantitativamente.

3-3) Rutherford elaborou o seu modelo a partir da observação de que partículas alfa incidindo em uma fina folha metálica jamais eram espalhadas em ângulos maiores que 90°.

Caderno de revisão 73

4-4) de acordo com o modelo de Rutherford, o elétron deveria espiralar até o núcleo em um tempo superior ao tempo de vida do Universo.

3. (UFPE) Analise as seguintes afirmações acerca da radiação térmica do corpo negro e da hipótese de Planck.

0-0) Um corpo negro ideal absorve toda a radiação incidente sobre ele, independentemente da sua forma.

1-1) Um corpo negro ideal deve ter cor escura, independentemente da sua temperatura.

2-2) Para explicar a radiação emitida por um corpo negro, Planck sugeriu que as ondas eletromagnéticas em propagação são compostas de fótons de energia quantizada.

3-3) Para explicar a radiação emitida por um corpo negro, Planck sugeriu que as partículas nas paredes do interior de uma cavidade que se comporta como um corpo negro devem absorver ou emitir pacotes de energia quantizada.

4-4) Os pacotes de energia a que se refere o item anterior têm energia inversamente proporcional à frequência de oscilação das partículas.

4. (UFPE) No ano de 1905, o físico Albert Einstein apresentou a sua Teoria da Relatividade Restrita. Acerca dessa teoria, analise as seguintes afirmações.

0-0) A Teoria da Relatividade Restrita representou uma correção à física newtoniana no limite de velocidades tendendo a zero em dimensões atômicas e subatômicas.

1-1) Segundo a Teoria da Relatividade Restrita, a velocidade da luz é uma constante de valor independente do movimento da fonte emissora e da natureza do meio de propagação.

2-2) As transformações entre referenciais inerciais da física newtoniana (transformações de Galileu) são incompatíveis com o eletromagnetismo clássico.

3-3) A Teoria da Relatividade Restrita apresentou transformações entre referenciais inerciais compatíveis com o eletromagnetismo clássico.

4-4) Segundo a Teoria da Relatividade Restrita, a luz é formada por fótons de energia quantizada proporcional ao seu comprimento de onda e que se propagam no vácuo a uma velocidade constante.

5. (FGV-SP) Não está longe a época em que aviões poderão voar a velocidades da ordem de grandeza da velocidade da luz ($c$) no vácuo. Se um desses aviões, voando a uma velocidade de $0,6 \cdot c$, passar rente à pista de um aeroporto

de 2,5 km, percorrendo-a em sua extensão, para o piloto desse avião a pista terá uma extensão, em km, de

a) 1,6.
b) 2,0.
c) 2,3.
d) 2,8.
e) 3,2.

**6.** (Ufscar-SP) A figura ilustra o esquema da montagem de uma experiência em que partículas α (A) são ejetadas por uma fonte F no sentido de colidirem com uma fina lâmina de ouro. Verifica-se que algumas partículas α (C) são refletidas pela lâmina de ouro, enquanto que a maior parte (B) atravessa a lâmina de ouro indo projetar-se sobre um anteparo de sulfato de zinco.

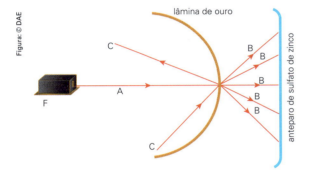

A experiência descrita foi realizada em 1911 pelo físico Ernest Rutherford e serviu para comprovar que

a) o átomo tem todas as partículas que o compõem fortemente concentradas, formando um conjunto maciço.
b) as partículas prótons, elétrons e nêutrons estão distribuídas aleatoriamente na formação dos átomos.
c) do núcleo atômico é possível extrair elétrons colocando-os em órbitas bem definidas ao redor desse núcleo.
d) o átomo não é maciço, mas formado por uma região central muito pequena em relação ao seu diâmetro.
e) na região ao redor do núcleo atômico, os elétrons e os nêutrons giram em órbitas bem definidas.

**7.** (UFRGS-RS) Assinale a alternativa que preenche corretamente as lacunas do enunciado abaixo, na ordem em que aparecem.

A incidência de radiação eletromagnética sobre uma superfície metálica pode arrancar elétrons dessa superfície. O fenômeno é conhecido como _____ _____ e só pode ser explicado satisfatoriamente invocando a natureza _____ da luz.

a) efeito fotoelétrico – ondulatória.
b) efeito Coulomb – corpuscular.
c) efeito Joule – corpuscular.
d) efeito fotoelétrico – corpuscular.
e) efeito Coulomb – ondulatória.

**8.** (UFRGS-RS) Para resolver esta questão você deverá consultar a tabela periódica.

Considere as afirmações sobre radioatividade nuclear.

I. Todos os núcleos atômicos são radioativos.
II. Todos os núcleos radioativos em uma dada amostra, depois de duas meias-vidas, já se desintegraram.
III. No decaimento γ, um núcleo em um estado excitado decai para um estado de menor energia pela emissão de um fóton.

Quais estão corretas?

a) Apenas I.
b) Apenas II.
c) Apenas III.
d) Apenas I e II.
e) I, II e III.

**9.** (UFRGS-RS) Partículas α, β e γ são emitidas por uma fonte radioativa e penetram em uma região do espaço onde existe um campo magnético uniforme. As trajetórias são coplanares com o plano desta página e estão representadas na figura que segue.

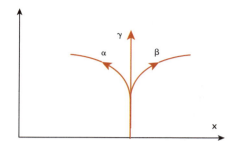

Assinale a alternativa que preenche corretamente a lacuna do enunciado.

A julgar pelas trajetórias representadas na figura acima, o campo magnético _____ _____ plano da figura.

a) aponta no sentido positivo do eixo X, no
b) aponta no sentido negativo do eixo X, no
c) aponta no sentido positivo do eixo Y, no
d) entra perpendicularmente no
e) sai perpendicularmente do

_____
_____
_____
_____

**10.** (UFRGS-RS) O físico francês Louis de Broglie (1892- -1987), em analogia ao comportamento dual onda- -partícula da luz, atribuiu propriedades ondulatórias à matéria. Sendo a constante de Planck h = 6,6 · 10$^{-34}$ J · s, o comprimento de onda de Broglie para um elétron (massa m = 9 · 10$^{-31}$ kg) com velocidade de módulo v = 2,2 · 10$^6$ m/s é, aproximadamente,

a) 3,3 · 10$^{-10}$ m.      d) 3,0 · 10$^9$ m.
b) 3,3 · 10$^{-9}$ m.       e) 3,0 · 10$^{10}$ m.
c) 3,3 · 10$^3$ m.

_____
_____
_____

**11.** (UFRGS-RS) Segundo o modelo atômico de Bohr, no qual foi incorporada a ideia de quantização, o raio da órbita e a energia correspondentes ao estado fundamental do átomo de hidrogênio são, respectivamente, R$_1$ = 0,53 × 10$^{-10}$ m e E = −13,6 eV.

Para outras órbitas do átomo de hidrogênio, os raios R$_n$ e as energias E$_n$, em que n = 2, 3, 4, ..., são tais que

a) $R_n = n^2 R_1$ e $E_n = \dfrac{E_1}{n^2}$.    d) $R_n = nR_1$ e $E_n = nE_1$.

b) $R_n = n^2 R_1$ e $E_n = \dfrac{n^2}{E_1}$.    e) $R_n = nR_1$ e $E_n = \dfrac{E_1}{n^2}$.

c) $R_n = n^2 R_1$ e $E_n = \dfrac{E_1}{n}$.

_____
_____
_____
_____
_____
_____

**12.** (UFRGS-RS) No texto abaixo, Richard Feynman, Prêmio Nobel de Física de 1965, ilustra os conhecimentos sobre a luz no início do século XX.

"Naquela época, a luz era uma onda nas segundas, quartas e sextas-feiras, e um conjunto de partículas nas terças, quintas e sábados. Sobrava o domingo para refletir sobre a questão!"

Fonte: QED-The Strange Theory of Light and Matter. Princeton University Press, 1985.

Assinale com V (verdadeiro) ou F (falso) as afirmações abaixo.

( ) As "partículas" que Feynman menciona são os fótons.
( ) A grandeza característica da onda que permite calcular a energia dessas "partículas" é sua frequência, através da relação E = hf.
( ) Uma experiência que coloca em evidência o comportamento ondulatório da luz é o efeito fotoelétrico.
( ) O caráter corpuscular da luz é evidenciado por experiências de interferência e de difração.

A sequência correta de preenchimento dos parênteses, de cima para baixo, é

a) F – V – F – F.
b) F – F – V – V.
c) V – V – F – V.
d) V – F – V – F.
e) V – V – F – F.

_____
_____
_____

_____

_____

_____

**13.** (UFRGS-RS) Os múons cósmicos são partículas de altas energias, criadas na alta atmosfera terrestre. A velocidade de alguns desses múons (v) é próxima da velocidade da luz (c), tal que $v^2 = 0,998 \cdot c^2$, e seu tempo de vida em um referencial em repouso é aproximadamente $t_0 = 2 \cdot 10^{-6}$ s. Pelas leis da mecânica clássica, com esse tempo de vida tão curto, nenhum múon poderia chegar ao solo; no entanto, eles são detectados na Terra. Pelos postulados da relatividade restrita, o tempo de vida do múon em um referencial terrestre (t) e o tempo $t_0$ são relacionados pelo fator relativístico

$$\Upsilon = \left( \sqrt{1 - \frac{v^2}{c^2}} \right)^{-1}$$

Para um observador terrestre, a distância que o múon pode percorrer antes de se desintegrar é, aproximadamente,

a) $6,0 \cdot 10^2$ m.

b) $6,0 \cdot 10^3$ m.

c) $13,5 \cdot 10^3$ m.

d) $17,5 \cdot 10^3$ m.

e) $27,0 \cdot 10^3$ m.

_____

_____

_____

_____

_____

_____

**14.** (OBF) Suponha que, na realização das olimpíadas, seja necessária uma potência média de 1400 kW de energia. Se conseguíssemos desintegrar matéria e transformá-la em energia, qual a massa de matéria seria necessária para suprir a demanda diária de energia? (1 mg $= 10^{-3}$ g)

a) 1,3 mg

b) 1,7 mg

c) 1,3 g

d) 1,7 g

e) Nenhuma das alternativas.

_____

_____

_____

_____

_____

**15.** (OBF) Daqui a muitos anos pode ser que disponibilizemos de melhores fontes de energia e tecnologia para jogarmos tiro ao alvo relativístico. Sabendo que a massa do projétil desse esporte hipotético é de 1g, qual será sua nova massa quando ele for disparado a uma velocidade v $= 0,8$c?

a) 0,80 g

b) 1,25 g

c) 1,33 g

d) 1,50 g

e) 1,67 g

_____

_____

_____

_____

**16.** (OBF) O recorde de arremesso de bola de tênis mais rápido é de 70 m/s. Supondo que tal bola tivesse massa de 60g, calcule a ordem de grandeza do comprimento de onda associado à bolinha neste arremesso.

a) $10^{-33}$ m

b) $10^{-34}$ m

c) $10^{-35}$ m

d) $10^{-36}$ m

e) $10^{-37}$ m

_____

_____

_____

_____

### Prova temática – Uncisal

As questões de Física são baseadas no texto seguinte:

André e Antônio são amigos de infância e passaram os últimos tempos preparando-se para o vestibular. Chegado o dia eles decidem ir juntos ao local da prova. O meio de transporte será o automóvel de Antônio. Folgados, deixam para sair na última hora.

**1.** Distraído, Antônio não fecha direito a torneira da pia de sua cozinha. Com isso, ele provoca o vazamento de 3 pingos de água a cada 2 segundos. Se a frequência dos pingos permanecer constante, a ordem de grandeza do número de pingos que cairão da torneira após um dia de 24 horas será de

a) $10^3$.

b) $10^4$.

c) $10^5$.

d) $10^6$.

e) $10^7$.

_____

_____

_____

_____

Caderno de revisão 77

2. Atrasado para a prova do vestibular, Antônio, numa manobra infeliz, bate seu carro na coluna da garagem do prédio onde reside. O gráfico horário que melhor representa as posições (S) em função do tempo (t) ocupadas pelo carro desde o instante em que ele põe o carro em movimento até logo após a colisão em que ele afasta ligeiramente o carro da coluna e desce para ver o estrago, é o da alternativa. (Considera-se a origem das posições o ponto onde o carro estava estacionado.)

a)
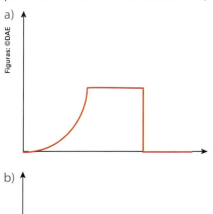

b)
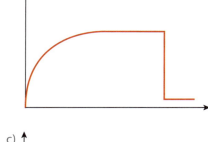

c)
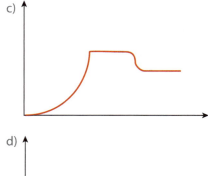

d)

e)
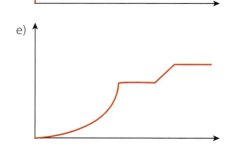

3. Mesmo com o carro ligeiramente amassado, Antônio e André vão para o local da prova. O caminho compreende uma pista horizontal que, no trecho AB da figura, tem a forma de um quarto de circunferência.

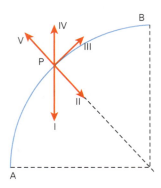

No percurso da posição A para a posição B, Antônio desacelera diminuindo gradativamente a velocidade de seu carro. Ao passar pelo ponto P, a meio caminho de A para B, a velocidade vetorial e a aceleração vetorial de seu veículo serão representadas, respectivamente, pelos vetores

a) I e II.   c) III e I.   e) III e V.
b) I e III.  d) III e IV.

4. Antônio passa pelo ponto P a uma velocidade de 36 km/h. As rodas de seu carro têm 40 cm de diâmetro e rolam sem deslizar pelo pavimento. A velocidade angular das rodas em P será, em rad/s,

a) 0,25.   c) 25.   e) 500.
b) 0,50.   d) 50.

**5.** Considere que o raio da curva AB seja de 100 m. Passando pelo ponto P a 36 km/h, a resultante centrípeta sobre Antônio, que tem 70 kg de massa, terá intensidade, em newtons, de

a) 25,2.

b) 70.

c) 700.

d) 90,72.

e) 907,2.

**6.** Durante o trajeto AB, os trabalhos realizados pela força peso de Antônio, pela reação normal da pista sobre o carro e pela força centrípeta sobre ele serão, respectivamente, de

a) zero, zero e zero.

b) 7 000 J, 7 000 J e zero.

c) 7 000 J, zero e zero.

d) 10 500 J, zero e 10 500 J.

e) 7 000 J, 10 500 J e 7 000 J.

**7.** Antônio faz o carro entrar na curva em A a uma velocidade de 54 km/h e sair da mesma, em B, a 18 km/h. Lembrando que sua massa é de 70 kg, a variação da energia cinética de Antônio, em joules, é de

a) −700.

b) −1 260.

c) −7 000.

d) −7 875.

e) −102 060.

**8.** O dia estava quente e abafado. No interior do carro de Antônio, um termômetro acusava 35 °C. Se esse termômetro estivesse calibrado na escala Fahrenheit, acusaria

a) 53°.          c) 88°.          e) 102°.

b) 86°.          d) 95°.

**9.** O líquido de arrefecimento do motor do carro de Antônio sofre uma variação de temperatura dos 22 °C no ato da partida até 92 °C quando a ventoinha passa a funcionar. Observa-se uma dilatação de 10% no volume desse líquido. Desprezando a dilatação do radiador e dos tubos de condução do líquido, o coeficiente de dilatação volumétrico do líquido entre as temperaturas citadas vale, em °C$^{-1}$,

a) $\dfrac{1}{700}$.

b) $\dfrac{1}{350}$.

c) $\dfrac{1}{140}$.

d) $\dfrac{1}{100}$.

e) $\dfrac{9}{700}$.

**10.** O carro de Antônio não é conversível, ou seja, sua capota é metálica como o restante da carroceria. A energia térmica que aquece o interior provém do Sol. Estando o veículo com os vidros fechados, as formas de transferência de calor desde o Sol até o interior do veículo ocorrem na seguinte ordem:

a) irradiação, condução e convecção.

b) irradiação, convecção e condução.

c) condução, convecção e irradiação.

d) condução, irradiação e convecção.

e) convecção, irradiação e condução.

**11.** O automóvel de Antônio é equipado com um rádio-CD que consome 30 W de potência, quando ligado normalmente na bateria do carro. Tal aparelho opera com rendimento de 90%. A quantidade de energia dissipada em 20 minutos de funcionamento desse aparelho é de

a) 1 kWh.          c) $3,6 \cdot 10^3$ kJ.          e) 10,8 kJ.

b) 3,6 kJ.          d) 9 Wh.

Caderno de revisão    79

**12.** A bateria do carro de Antônio fornece 12 V de tensão ao circuito do automóvel. Sabe-se que sua f.e.m. é de 14 V e que a corrente lançada ao circuito é de 8,0 A quando o veículo está em movimento, funcionando em condições normais. A resistência interna dessa bateria vale, em ohms,

a) 0,25.
b) 0,50.
c) 1,0.
d) 2,0.
e) 4,0.

**13.** Chegando ao local da prova em cima da hora, André e Antônio passam a responder as questões de Física. Uma das questões da prova apresenta, de forma aproximada, o gráfico da velocidade, em função do tempo, do movimento de um corpúsculo de teste submetido a diversas situações de laboratório, observando-se que ele executa movimentos sobre uma linha reta.

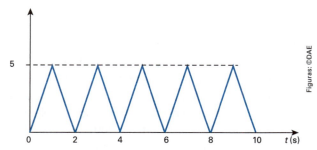

Após analisar o gráfico, pode-se concluir que o corpúsculo em questão

a) se desloca de 10 m em torno de uma posição central de equilíbrio.
b) executa movimentos de vaivém com velocidade média de 5 m/s.
c) executa movimentos de vaivém com velocidade máxima de 5 m/s.
d) realiza movimentos uniformemente variados com aceleração de valor absoluto 2,5 m/s².
e) realiza movimentos uniformemente variados deslocando-se 25 metros em 10 segundos, num sentido apenas.

**14.** Na prova há uma questão de Eletricidade que pede a orientação do campo elétrico resultante gerado pelas cargas puntiformes +Q e –Q no ponto P da figura, distante d de cada carga, em ângulo reto, como mostra a figura.

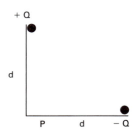

Este vetor campo elétrico está melhor representado em

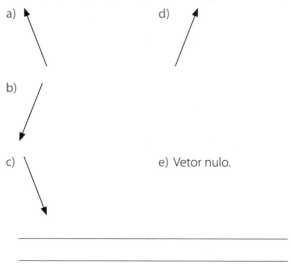

e) Vetor nulo.

**15.** Ainda em relação ao sistema de cargas da questão anterior, sendo K a constante dielétrica do meio em que se encontra o sistema, o potencial elétrico do ponto P deve ser dado por

a) zero.
b) $\dfrac{2KQ}{d}$.
c) $\dfrac{KQ\sqrt{2}}{d}$.
d) $\dfrac{KQ}{2d}$.
e) $\dfrac{KQ\sqrt{2}}{2d}$.

**16.** Outra questão do vestibular solicita que se aponte o provável trajeto que um raio de luz monocromática faria ao atravessar um prisma de acrílico que se encontra no ar. A incidência do raio sobre a face do prisma se dá com um ângulo î de pequena abertura, cerca de 10° em relação a normal à face no ponto de incidência. O ângulo de refringência (abertura) do prisma é Â = 45° e o índice de refração do acrílico é maior do que o do ar.

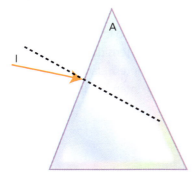

a)

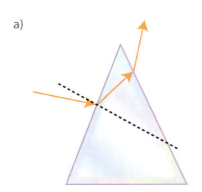

b)

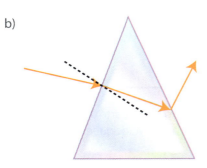

c)

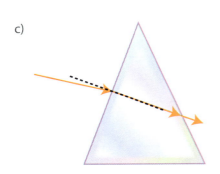

d)

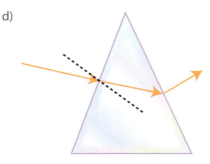

e)

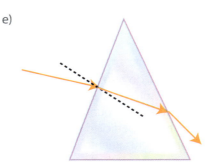

_____
_____
_____
_____
_____
_____
_____

**17.** Após a prova do vestibular, André e Antônio vão "esfriar a cabeça" jogando sinuca. André dá uma tacada na bola branca que se choca com a bola preta, que se encontrava em repouso. Observando a jogada, Antônio nota que as bolas se deslocam em direções perpendiculares entre si, sendo que a velocidade da bola branca é cerca de duas vezes maior que a da bola preta. A figura ilustra as quantidades de movimento das bolas logo após a colisão.

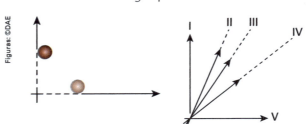

Considerando que as massas e os volumes das bolas são iguais, que a colisão entre elas se dá no plano horizontal da mesa e obedece ao princípio da conservação da quantidade de movimento, Antônio conclui, corretamente, que a velocidade inicial da bola branca antes de colidir com a bola preta fica melhor representada pelo vetor

a) I.
b) II.
c) III.
d) IV.
e) V.

**18.** Uma lâmpada pende do teto e ilumina a mesa de jogo onde André e Antônio se divertem. Tal lâmpada, considerada uma fonte puntiforme de luz, encontra-se a 1,20 m da superfície da mesa, na mesma vertical do ponto de cruzamento das diagonais da mesa, que é retangular medindo 2,4 m por 1,2 m. Essa superfície, paralela ao chão plano e horizontal, está a 0,80 m do chão. A sombra da mesa projetada sobre o chão cobre uma área de

a) 2 m².
b) 4 m².
c) 6 m².
d) 8 m².
e) 10 m².

**19.** Durante a partida de sinuca, André sente vontade de tomar um cafezinho. Faz o pedido e recebe uma xícara contendo 30 ml de café bem quente, a 85°C. Sem se importar com a alteração do sabor, ele descarta 10 ml do café e acrescenta 10 ml de água a 5°C. Desprezando a dissipação do calor para o meio ambiente e considerando a capacidade térmica da xícara com o valor 10 cal/°C, a temperatura do cafezinho que André saboreia é, em °C, de

(Dados: calor específico da água = calor específico do café líquido = 1,0 cal/[g · °C]; densidade do café líquido = densidade da água = 1,0 g/cm³)

a) 65.
b) 70.
c) 75.
d) 80.
e) 85.

**20.** O ambiente em que André e Antônio se divertem é dotado de um antigo televisor de tubo de imagens, em cujo interior íons se movimentam sob a ação de campos elétricos e magnéticos, gerando imagens na tela. Imagine um elétron, de carga **e**, penetrando a uma velocidade **v** numa região de campo magnético uniforme **B**, perpendicularmente às linhas de indução desse campo. A influência do campo magnético sobre o elétron se manifestará através de uma força

a) tangencial à velocidade, de intensidade $F = e \cdot v_2 \cdot B$.
b) tangencial à velocidade, de intensidade $F = e \cdot v \cdot B$.
c) centrípeta, de intensidade $F = e \cdot v^2 \cdot B$.
d) centrípeta, de intensidade $F = e \cdot v \cdot B^2$.
e) centrípeta, de intensidade $F = e \cdot v \cdot B$.

### Questões com múltiplos conteúdos

**(OBF) O texto a seguir se refere às questões 1 e 2.**

Considere uma situação análoga a uma montanha russa na qual um bloco desliza sem atrito sobre uma calha que tem o perfil representado na figura abaixo, onde h = 4R, sendo R o raio do trecho circular.

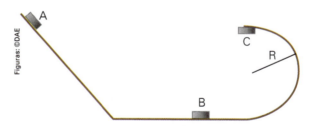

**1.** Considerando que o bloco parte do repouso do ponto A, e h = 5,0 m, qual a velocidade do bloco no ponto C?

a) 0 m/s
b) 7,1 m/s
c) 10,0 m/s
d) 50,0 m/s
e) 100,0 m/s

**2.** Qual o valor da normal no ponto C, considerando que a massa do bloco é de 1,0 kg?

a) O N
c) 20,0 N
e) 40,0 N

b) 10,0 N
d) 30,0 N

### (OBF) O texto a seguir se refere às questões 3 e 4.

O Pêndulo balístico: A velocidade de um projétil pode ser determinada através de um pêndulo balístico, que consiste em um dispositivo de massa $M = 2,5$ kg, pendurado por dois fios de massa desprezível. Considere um projétil de massa $m = 50,0$ g, com velocidade $v = 102$ m/s.

Daniel das Neves

**3.** Qual a perda de energia mecânica, após a colisão?

a) 0 J
c) 255 J
e) 261 J

b) 130 J
d) 258 J

**4.** Qual a máxima altura $h$ que o conjunto (projétil + Bloco), atinge?

a) 5,0 cm
c) 15,2 cm
e) 25,1 cm

b) 10,5 cm
d) 20,0 cm

**5.** (UnB-DF – Adaptada) Texto para os itens de 1 a 9.

A primeira lâmpada comercial, desenvolvida por Thomas Edison, consistia em uma haste de carbono, que era aquecida pela passagem de uma corrente elétrica a ponto de emitir luz visível. Era, portanto, uma lâmpada incandescente, que transforma energia elétrica em energia luminosa e energia térmica. Posteriormente, passou-se a utilizar, no lugar da haste, filamentos de tungstênio, cuja durabilidade é maior. Hoje, esse tipo de lâmpada tem sido substituído pelas lâmpadas fluorescentes e de LED.

As lâmpadas fluorescentes são construídas com tubos de vidro transparente revestidos internamente e contêm dois eletrodos (um em cada ponta) e uma mistura de gases em seu interior – vapor de mercúrio e argônio, por exemplo. Quando a lâmpada fluorescente é ligada, os eletrodos geram corrente elétrica, que, ao passar através da mistura gasosa, excita seus componentes, os quais, então, emitem radiação ultravioleta. O material que reveste o tubo tem a propriedade de converter a radiação ultravioleta em luz visível, que é emitida para o ambiente. A lâmpada de LED é mais econômica que a incandescente, pois dissipa menos energia em forma de calor. Em geral, essas lâmpadas têm eficiência de 15 lumens por watt. Um lúmen (unidade padrão do Sistema Internacional) é o fluxo luminoso emitido por uma fonte puntiforme com intensidade uniforme de 1 candela e contido em um cone de ângulo sólido de um esferorradiano.

A tabela a seguir apresenta características específicas das lâmpadas incandescentes, fluorescentes e de LED.

| | Incandescente | Fluorescente | LED |
|---|---|---|---|
| potência (W) | 60 | 15 | 12 |
| conversão em luz | 5% | 15% | 30% |
| conversão em calor | 95% | 85% | 70% |
| preço unitário (R$) | 5 | 15 | 50 |
| vida útil (horas) | 1.000 | 10.000 | 50.000 |
| lumens | 800 | 800 | 800 |

A partir do texto dado e considerando que $6,63 \cdot 10^{-34}$ J · s seja o valor da constante de Planck, que $3 \cdot 10^8$ m/s seja a velocidade da luz e que a temperatura em graus Kelvin seja exatamente igual à temperatura em graus Celsius acrescida de 273, julgue os itens de 1 a 9.

1- O tungstênio tem maior raio atômico e menor energia de ionização que o carbono.

2- As transições eletrônicas a que o texto se refere são indicadores de que, na lâmpada fluorescente, a luz é emitida de forma quantizada.

Caderno de revisão  83

3- A energia de um fóton ultravioleta com comprimento de onda igual a 200 nm é inferior a $9 \cdot 10^{-19}$ J.

4- Uma lâmpada de potência igual a 60 W emite menos de $10^{18}$ fótons por segundo, se cada fóton tiver energia associada de $6 \cdot 10^{-19}$ J.

5- Uma lâmpada de LED gasta um quarto da energia que gasta uma lâmpada incandescente, para produzir a mesma luminosidade.

6- A cada hora de funcionamento, a quantidade de calor produzida por 600 milhões de lâmpadas incandescentes é superior a seis vezes a quantidade de calor produzida pela mesma quantidade de lâmpadas de LED.

7- As ondas de calor produzidas por lâmpadas propagam-se no vácuo.

8- O tungstênio apresenta, em seu estado fundamental de energia, elétrons que ocupam orbitais f.

9- Considere que o volume disponível para o gás dentro do tubo de uma lâmpada fluorescente seja independente da temperatura e que o gás apresente comportamento ideal. Nessas condições, se, após o acendimento da lâmpada, a temperatura do gás aumentar de 25 °C para 2 707 °C, a pressão do gás será aumentada em dez vezes.

6. (FMJ-SP) A imagem mostra o bloco propulsor de um bisturi eletrônico.

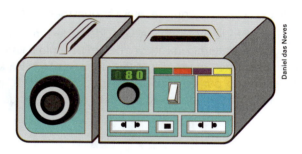

São dados do fabricante: 127 V, 150 W e 4 MHz, correspondendo, respectivamente, à tensão de operação, potência de consumo e frequência máxima de vibração do bisturi.

a) Determine, em A, a intensidade da corrente elétrica através do aparelho quando em funcionamento normal.

b) Considerando a velocidade de propagação das ondas eletromagnéticas no ar com o valor $3 \cdot 10^8$ m/s, calcule seu comprimento de onda supondo que essa vibração seja integralmente convertida para essas ondas eletromagnéticas.

7. (FGV-SP) A figura representa um calorímetro adiabático contendo certa quantidade de água que deve ser aquecida sem mudar de estado físico, por meio de uma associação de 2 resistores ôhmicos, idênticos, alimentada por um gerador de f.e.m. constante ε. Quando os resistores são associados em paralelo, o intervalo de tempo necessário para elevar a temperatura da água de um certo valor é $\Delta t_1$. Quando associados em série, o intervalo de tempo necessário para elevar a temperatura da água do mesmo valor é $\Delta t_2$.

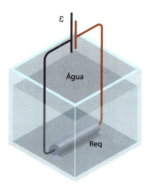

A relação $\dfrac{\Delta t_1}{\Delta t_2}$ vale

a) $\dfrac{1}{4}$.
b) $\dfrac{1}{2}$.
c) 1.
d) 2.
e) 4.

(FGV-SP) O texto e as informações a seguir referem-se às questões 8 e 9.

Uma pessoa adquiriu um condicionador de ar para instalá-lo em determinado ambiente. O manual de instruções do aparelho traz, dentre outras, as seguintes especificações: 9000 BTUs; voltagem: 220 V; corrente: 4,1 A; potência: 822 W.

Considere que BTU é uma unidade de energia equivalente a 250 calorias e que o aparelho seja utilizado para esfriar o ar de um ambiente de 15 m de comprimento, por 10 m de largura, por 4 m de altura. O calor específico do ar é de 0,25 cal/(g · °C) e a sua densidade é de 1,25 kg/m³.

**8.** O uso correto do aparelho provocará uma variação da temperatura do ar nesse ambiente, em valor absoluto e em graus Celsius, de

a) 10.
b) 12.
c) 14.
d) 16.
e) 18.

**9.** O rendimento do aparelho será mais próximo de

a) 82%.
b) 85%.
c) 88%.
d) 91%.
e) 95%.

**10.** (Fameca-SP) A figura ilustra o esquema de um aquecedor elétrico de líquidos portátil e isolante térmico. Uma bateria ε, de resistência interna desprezível e força eletromotriz 12 V, alimenta o circuito onde há um reostato R' e um resistor ôhmico R = 1,0 Ω, este último imerso em 300 ml água, de massa específica 1,0 g/ml e calor específico 4,2 J/(g · °C).

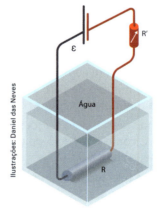

a) Determine a potência elétrica dissipada por esse aquecedor com o reostato totalmente zerado;
b) Considerando, agora, que o reostato limite a potência do aquecedor a 100 W e que toda essa potência seja utilizada para aquecer a água, determine o tempo necessário para elevar de 20 °C para 70 °C a temperatura da água.

**11.** (UnB-DF)

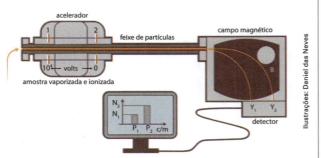

A figura acima ilustra o espectrômetro de massa, que permite determinar a razão carga-massa das amostras componentes do solo. As amostras são vaporizadas e inseridas na câmara de ionização, onde são bombardeadas por um feixe de elétrons com energia suficiente para arrancar um ou mais dos seus elétrons, tornando-as positivas. A amostra ionizada e vaporizada é inserida em uma câmara aceleradora com potencial de aceleração igual a $10^4$ V. O feixe de partículas deixa a câmara aceleradora e entra em uma região de campo magnético constante B, onde se separa em dois feixes. Em seguida, atinge o detector em duas regiões distintas, proporcionais aos raios de curvatura $r_1$ e $r_2$, relacionados as partículas dos tipos 1 e 2, respectivamente. O sinal detectado é enviado para um computador, que mostra, em um gráfico, o número de partículas (N) em função da razão carga-massa (e/m).

Considerando essas informações e assumindo $1,6 \cdot 10^{-19}$ C como o módulo da carga do elétron, julgue os itens de I a X.

I. Na câmara aceleradora, o campo elétrico entre as placas indicadas por 1 e 2 está orientado da esquerda para a direita, conforme a figura abaixo.

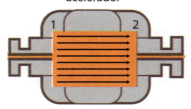

II. O módulo do campo elétrico entre as placas 1 e 2, na câmara aceleradora, independe da distância entre as placas.

III. Ao sair da placa 2 na região aceleradora, cada partícula de massa M tem velocidade superior a $5,00 \cdot 10^{-8} \sqrt{M}$ m·s$^{-1}$, desde que tenha perdido apenas um elétron.

IV. Na câmara aceleradora, a energia potencial elétrica é menor que 2 femto-joules, supondo-se que um elétron tenha sido arrancado na câmara de ionização.

V. A figura abaixo ilustra corretamente a direção e o sentido do vetor campo magnético B, responsável pelo comportamento das partículas, segundo as informações apresentadas.

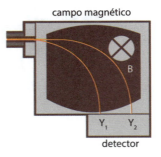

VI. A força centrípeta associada ao raio de curvatura $r_1$ é maior que a associada ao raio de curvatura $r_2$.

VII. Sabe-se que um condutor transportando uma corrente tem carga líquida zero, por isso, um campo magnético não exerce força sobre esse condutor.

VIII. O trabalho realizado pela força magnética na trajetória circular das partículas é nulo.

IX. A razão carga-massa de uma partícula com carga q e massa m, inserida no campo magnético B, é dada por $\dfrac{q}{m} = \dfrac{2V}{r^2 B^2}$, em que V é a diferença de potencial e r, o raio da trajetória.

X. Considerando-se um mesmo valor para a ionização, existem mais átomos do tipo 2 cuja massa é menor que a massa de átomos do tipo 1.

(UFRGS-RS) Instrução: As questões 12 e 13 referem-se ao enunciado e figuras abaixo.

Uma partícula, de massa *m* e velocidade horizontal *v*, colide elasticamente com uma barra vertical de massa *M* que pode girar livremente, no plano da página, em torno de seu ponto de suspensão. A figura (i) abaixo representa a situação antes da colisão. Após a colisão, o centro de massa da barra sobe uma altura *h* e a partícula retorna com velocidade *Vf*, de módulo igual a $\frac{v_i}{2}$, conforme representa a figura (ii) abaixo.

**12.** Considerando g o módulo da aceleração da gravidade, a altura *h* atingida pela barra é igual a

a) $\frac{3\,mv_i^2}{2Mg}$

b) $\frac{3\,mv_i^2}{4Mg}$

c) $\frac{5\,mv_i^2}{8Mg}$

d) $\frac{3\,mv_i^2}{8Mg}$

e) $\frac{mv_i^2}{4Mg}$

**13.** O módulo do impulso recebido pela partícula é

a) $\frac{1,5m^2v_i}{M}$.

b) $0,5\,mv_i^2$

c) $1,5\,mv_i^2$

d) $0,5\,mv_i$

e) $1,5\,mv_i$

(UFRGS-RS) As questões 14 e 15 referem-se ao enunciado abaixo.

Na figura abaixo, estão representados dois pêndulos simples, X e Y, de massas iguais a 100 g. Os pêndulos, cujas hastes têm massas desprezíveis, encontram-se no campo gravitacional terrestre. O pêndulo Y encontra-se em repouso quando o pêndulo X é liberado de uma altura h = 0,2 m em relação a ele. Considere o módulo da aceleração da gravidade g = 10 m/s².

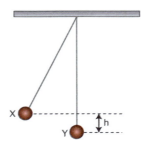

**14.** Após a colisão, X e Y passam a mover-se juntos, formando um único pêndulo de massa 200 g. Se v é a velocidade do pêndulo X no instante da colisão, o módulo da velocidade do pêndulo de massa 200 g, imediatamente após a colisão, é

a) 2 v

b) $\sqrt{2}$ v

c) v

d) $\frac{v}{\sqrt{2}}$

e) $\frac{v}{2}$

**15.** Qual foi o trabalho realizado pelo campo gravitacional sobre o pêndulo X, desde que foi liberado até o instante da colisão?

a) 0,02 J

b) 0,20 J

c) 2,00 J

d) 20,0 J

e) 200,0 J

**(OBF)** O enunciado a seguir refere-se às questões de nº 16 e 17.

Tênis é um esporte de origem inglesa, disputado em quadras geralmente abertas com pisos sintéticos ou naturais. Participam do jogo dois oponentes ou duas duplas de oponentes, podendo ser mistas (homens e mulheres) ou não. A quadra é dividida ao meio, e o objetivo do jogo é rebater uma pequena bola para além de uma rede posicionada na metade e na vertical com a ajuda de uma raquete.

**16.** Sabendo-se que uma máquina de atirar bolas de tênis arremessa a bolinha a 72 km/h, qual a energia da bolinha se ela pesar 60 g e a máquina a atirar as bolas verticalmente em direção a um alvo a 1,80 m de altura? (1 kJ = $10^3$ J)
   a) 1,6 kJ
   b) 1,2 kJ
   c) 24 J
   d) 12 J
   e) 1 J

**17.** Se um tenista rebate uma bola fazendo-a voltar numa trajetória perpendicular à anterior, qual a força aplicada pelo tenista, considerando que a colisão durou 0,1s? Considere que antes e depois da colisão a bola tenha a mesma velocidade de 72 km/h, e que sua massa seja 60 g.
   a) 12 N
   b) 17 N
   c) 34 N
   d) 10,8 N
   e) 24 N

**18.** (OBF) No tubo de imagens de uma TV, um elétron de massa m e carga q, em módulo, penetra numa região onde existem três campos uniformes: o campo elétrico, o campo de indução magnética e o campo gravitacional. Se o elétron atravessa a região sem ser desviado, como indica a figura ao lado, e desprezando-se qualquer efeito dissipativo, qual é o módulo da velocidade do elétron?

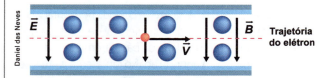

a) $\dfrac{E}{B}$

b) $\dfrac{qB}{E}$

c) $\dfrac{E}{B} + \dfrac{mg}{qB}$

d) $\dfrac{E}{B} - mg$

e) $\dfrac{1}{B}\left(E - \dfrac{mg}{q}\right)$

# Gabarito

### Página 8

**A) Seção de problemas quase fechados**

**Ônibus**

Questão 1 - c

Questão 2 – c

Questão 3 - d

Questão 4 - Resposta pessoal. Sugestões de resposta:

- Não, porque a estação de força também causa poluição ambiental.
- Sim, mas isso é válido somente para a própria cidade. A estação de força, entretanto, causa poluição ambiental.

### Página 9

**Claridade**

Questão 1 - c

Questão 2 -

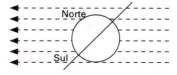

**Ozônio**

Questão 1 - b

Questão 2 - d

Questão 3 - d

**Trabalhar em dia quente**

Questão 1 - Sim, Não, Não, Não.

Questão 2 - a

### Página 12

**A luz das estrelas**

Questão 1 - c

Questão 2 - a

Questão 3 -

a) Concordo totalmente: a intensidade luminosa é uma grandeza física definida de maneira precisa e mensurável.

b) Discordo: o telescópio bom é aquele que utiliza componentes precisos e não necessariamente grandes e caros.

c) Concordo totalmente: a intensidade luminosa é definida de modo preciso e mensurável.

### Página 13

**Ultrassom**

Questão 1 - Ele deve medir o tempo que a onda do ultrassom leva para percorrer a distância entre a sonda e a superfície do feto e ser refletida. Assim, deve obter:

- O tempo que a onda leva para percorrer da sonda até o feto e ser refletida novamente.
- O tempo de deslocamento da onda.
- O tempo.

Questão 2 - Os raios X são prejudiciais às células do feto.

- Os raios X machucam o feto.
- Os raios X podem causar mutação no feto.
- Os raios X podem causar defeitos de nascença no feto.

Questão 3 - Sim, Sim, Não, Sim.

**Trânsito de Vênus**

Questão 1 - c

Questão 2 - a

### Página 14

**Energia eólica**

Questão 1 - c

Questão 2 - b

Questão 3 - a

Questão 4 -

**Vantagens**

- Não produz dióxido de carbono ($CO_2$).
- Não consome combustíveis fósseis.
- O vento é um recurso inesgotável.
- Após a instalação do gerador eólico, o custo da produção de energia é baixo.
- Não há emissão de resíduos e/ou substâncias tóxicas.
- Utiliza energia natural ou energia limpa.

**Desvantagens**

- Não é possível produzir eletricidade sob demanda (porque a velocidade do vento não pode ser controlada).
- Os locais apropriados para os geradores eólicos são limitados.
- O gerador eólico pode ser danificado por ventos muito fortes.
- A quantidade de energia gerada por cada gerador eólico é relativamente pequena.
- Em alguns casos há poluição sonora.
- As ondas eletromagnéticas (ondas de TV, por exemplo) podem sofrer interferências em determinados casos.
- Às vezes, os pássaros são mortos quando colidem com os rotores.
- As paisagens naturais são alteradas.
- Alto custo de instalação e de manutenção.

**Questão 5** - Resposta pessoal.

**Página 16**

### Efeito estufa

**Questão 1** - Conclusão 1: Refere-se ao aumento (geral) tanto da temperatura (média) quanto da emissão de gás carbônico.

- Como as emissões aumentaram, a temperatura também aumentou.
- Ambos os gráficos são crescentes.
- Porque em 1910 as duas curvas começaram a crescer.
- A temperatura aumenta quando há emissões de $CO_2$.
- As curvas do gráfico sobem ao mesmo tempo.
- Tudo aumenta.
- Quanto maior for a emissão de $CO_2$, mais a temperatura aumentará.

Conclusão 2: Refere-se a uma relação positiva entre a temperatura e a emissão de gás carbônico.

[Observação: apesar da relação "diretamente proporcional" não ser correta, esta resposta pode ser considerada correta no seu conjunto.]

- A quantidade de $CO_2$ e a temperatura média da Terra são diretamente proporcionais.
- Elas possuem um traçado análogo que indica uma relação.

**Questão 2** - Refere-se a uma parte específica do gráfico, na qual as duas curvas não são ascendentes ou descendentes e dá a explicação correspondente.

- Entre 1900 e 1910 (mais ou menos) a quantidade de $CO_2$ liberada aumentou, enquanto a temperatura diminuiu.
- Entre 1980 e 1983 a quantidade de gás carbônico liberada diminuiu e a temperatura aumentou.
- A temperatura nos anos 1800 foi bem constante, mas a curva do primeiro gráfico continuou a subir.
- Entre 1950 e 1980 a temperatura não aumentou, mas o $CO_2$ sim.
- De 1940 e 1975 a temperatura permaneceu quase a mesma, mas a emissão de gás carbônico apresentou um nítido aumento.
- Em 1940 a temperatura foi bem mais alta do que em 1920, mas as emissões de gás carbônico são semelhantes.

**Questão 3** - Um fator relativo à energia/radiação vinda do sol. O calor do Sol e talvez a mudança de posição da Terra.

- A energia solar refletida pela Terra.

Um fator relativo a um componente natural ou a um agente poluente potencial.

- Vapor de água no ar.
- Nuvens.

- Fenômenos como as erupções vulcânicas.
- Poluição atmosférica (gás, combustível).
- A quantidade de gases de escapamento.
- CFC.
- O número de carros.
- Ozônio (como componente do ar)

**Questão 4** - Resposta pessoal.

**Página 17**

### Combustíveis fósseis

**Questão 1** - b

**Questão 2** - **a**. O item solicita ao estudante que analise os dados apresentados na tabela para comparar o etanol com o petróleo como fontes de combustível.

**b**. Os estudantes devem responder que as pessoas devem preferir o petróleo ao etanol porque ele (petróleo) libera mais energia com o mesmo custo e que o etanol apresenta uma vantagem ambiental sobre o petróleo porque libera menos dióxido de carbono.

**Página 18**

### Captura e armazenamento de carbono

Os estudantes devem interpretar os dados apresentados no gráfico e fornecer uma explicação que resuma os resultados encontrados, ou seja, de que o dióxido de carbono armazenado mais profundamente no oceano propicia melhor taxa de retenção do que o armazenamento em profundidades menores.

### Usina elétrica azul

**Questão 1** - Locais 2 e 4.

**Questão 2** - a; IV.

**Página 19**

### Óculos ajustáveis

**Questão 1** - c

**Questão 2** - para fora; maior.

### B) Seção de problemas fechados

**Página 20**

### 1. Métodos científicos – precisão de medidas

1) c

2) b

3) b

4) c

5) c

6) d

Caderno de revisão · 91

**7)** N = 20

**8)** N = 13

## Página 22

### 2. Cinemática – retilínea, curvilínea, escalar, vetorial

### Cinemática escalar

**1)** b

**2)** b

**3)** e

**4)** c

**5)** b

**6)** e

**7)** c

**8)** b

**9)** c

**10)** a

**11)** b

**12)** c

**13)** e

**14a)** N = 300 voltas

**14b)** 36 m/s

**15)** a

**16)** b

## Página 28

### Lançamentos oblíquos

**17a)** 33 Hz

**17b)** 100 m

### 3. Dinâmica

### Força

**1)** c

**2)** c

**3)** b

**4a)** $F_m = P \cdot (\text{sen } \alpha + \mu \cdot \cos \alpha)$

**4b)** $\Delta t = \dfrac{F_m \cdot d}{P_{ot}}$.

**5)** d

**6)** a

**7)** c

**8)** d

**9)** d

## Página 31

### Trabalho e energia

**10)** c

**11)** b

**12)** $\tau = 18$ J

**13a)** $T = 9 \cdot 10^6$ J

**13b)** $T_{at} = -9 \cdot 10^6$ J

**14)** b

**15)** c

**16)** e

**17)** d

**18)** d

**19)** e

**20)** e

## Página 34

### Momento linear – colisões mecânicas

**21)** e

**22)** a

**23)** c

**24)** e

**25)** a

**26)** e

**27)** c

**28)** a

**29)** e

**30a)** $x = v \cdot \sqrt{\dfrac{m}{k}}$

**30b)** $h = \dfrac{v^2}{2g}$

**31)** e

**32)** c

## Página 38

### Movimento harmônico simples

**33)** e

**34)** b

**35a)** 5 m

**35b)** $\pi$ s

**Página 38**

**4. Estática – Hidrostática**

**1)** e

**2)** b

**3)** e

**4)** e

**5)** d

**6)** e

**7)** d

**8a)** $F = V \cdot g \cdot \dfrac{(\mu - d)}{2}$

**8b)** $y = 2 \cdot h$

**9)** c

**10)** e

**11)** d

**12)** a

**13)** e

**14)** a

**15)** Verdadeiro.

**Página 44**

**5. Astronomia – Gravitação**

**1)** d

**2)** d

**3)** a

**4)** d

**5)** c

**6)** d

**7)** e

**8a)** 100

**8b)** $\cong 32$

**9)** a

**10)** d

**11)** b

**12)** d

**13)** a

**14)** I. Certo. As forças elétrica e gravitacional que garantem o movimento em órbitas estáveis do elétron e da ISS são centrípetas.

II. Certo. O efeito rotacional da Terra em torno de seu eixo provoca alterações nos pesos dos corpos quando estes se deslocam da região equatorial para a região polar, e vice-versa.

III. A alternativa **d** é a correta.

IV. A aceleração da gravidade, ou a intensidade do campo gravitacional, é dada por $g = \dfrac{G \cdot M}{R^2}$, na superfície da Terra. Na altitude da ISS, vale a relação $g' = \dfrac{G \cdot M}{R'^2}$.

Dividindo as expressões membro a membro, temos:

$\dfrac{g'}{g} = \dfrac{R}{R'^2}$. Como $g$ vale 1 000 e $R' = 1,1 \cdot R$, substituindo esses valores na relação, vem:

$$\dfrac{g'}{1\,000} = \left(\dfrac{1}{1,1}\right)^2 \rightarrow g' = \dfrac{1\,000}{1,21} = 826 \text{ cm/s}^2$$

**Página 48**

**6. Temperatura – dilatação**

**1)** d

**2)** b

**Página 49**

**7. Calor – trocas – mudanças de fase – entropia**

**1)** c

**2)** d

**3)** a

**4)** e

**5)** b

**6)** b

**7a)** 4 kW

**7b)** 1 min 20 s

**8)** d

**9)** d

**10)** b

**11)** a

**Página 52**

**8. Termodinâmica – máquinas térmicas**

**1)** e

**2)** c

**3)** c

**4)** a

**5)** a

**6)** b

**7)** a

**8)** c

9)

I. C

II. E – O rendimento é dado por: $\eta = 1 - \dfrac{T_f}{T_q} = \dfrac{1 - 200}{300} = 1 - 0{,}67 = 0{,}33 = 33\%.$

III. E – O rendimento depende das temperaturas das fontes quente e fria.

IV. E – A variação da entropia e dada por $\Delta S = \dfrac{Q}{T} = \dfrac{200}{300} = 0{,}67 < 1{,}5.$

V. C

VI. C

VII. C

VIII. C

**Página 57**

### 9. Luz – Óptica geométrica, espelhos planos

**1)** b

**2)** e

### 10. Espelhos esféricos – lentes, instrumentos ópticos, olho humano

**1)** a

**2)** c

**3)** e

**4)** c

**5)** a

**6)** a

**7a)** Hipermetropia ou presbiopia

**7b)** Convergente; 2,75 di.

**8a)** O aumento do microscópio é dado pelo aumento da objetiva multiplicado pelo aumento da ocular: $A = -6 \cdot +10 = -60$. O sinal negativo no aumento da objetiva se deve ao fato de a imagem por ela conjugada ser real e invertida.

**8b)**

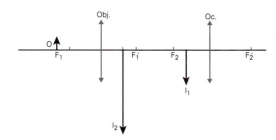

**9)** e

**10)** e

**11)** c

**12)** c

**13)** O atraso é de 20%.

**Página 60**

### 11. Som – instrumentos musicais

**1)** e

**2)** d

**3)** a

**4)** c

**5)** a

**6)** A – Errado, ondas sonoras não se propagam no vácuo.

B – Errado, embora vibrem com frequências bem próximas, não precisam ser constituídos do mesmo material.

C – Errado: $f = \dfrac{v}{\lambda} = \dfrac{340}{0{,}05} = 6\,800$ Hz.

**Página 62**

### 12. Eletrostática

**1)** a

**2a)** $\omega = \sqrt{\dfrac{F}{m \cdot R}}.$

**2b)** $F' = \dfrac{1}{2} F$

**3)** c

**4)** b

**5)** e

**6)** a

**7)** e

**Página 64**

### 13. Eletrodinâmica

**1)** a

**2)** d

**3)** c

**4)** b

**5)** c

**6)** d

**7)** d

**8)** b

**9)** c

**10)** c

**11a)** A tensão nos terminais de cada lâmpada será de $\dfrac{120}{50} = 2{,}4$ V.

**11b)** Se uma lâmpada "queimar", as 49 demais daquela associação em série deixarão de brilhar; as 50 lâmpadas da outra associação em série brilharão normalmente.

**12)** c

## Página 67

### 14. Eletromagnetismo – campos, força

**1)** c

**2)** a

**3)** b

**4)** d

**5)** b

## Página 69

### 15. Ondas mecânicas e eletromagnéticas

**1)** e

**2)** c

**3)** c

**4)** d

**5)** d

**6)** c

**7)**

| N | ondas mecânicas | ondas eletromagnéticas |
|---|---|---|
| 0 | 1 | 1 |
| 1 | 1 | 1 |
| 2 | 0 | 0 |
| 3 | 1 | 1 |
| 4 | 0 | 0 |
| 5 | 0 | 1 |
| 6 | 1 | 0 |
| 7 | 0 | 1 |

## Página 72

### 16. Cor – espectroscopia

**1)** e

**2)** b

**3)** e

**4)** b

**5)** A cor vermelha com que se vê o objeto se deve ao fato de ele absorver todas as cores exceto a vermelha que é refletida.

## Página 73

### 17. Física moderna: radiação e matéria – relatividade

**1)** d

**2)** 0) Falsa. As órbitas dos elétrons não eram quantizadas no modelo de Rutherford.

1) Verdadeira. No modelo de Rutherford, os elétrons deveriam espiralar até o núcleo num tempo ínfimo.

2) Falsa. Não se podiam calcular corretamente as linhas espectrais de qualquer elemento químico a partir do modelo de Rutherford.

3) Falsa. Ao contrário do que se afirma, partículas alfa espalhadas em ângulos maiores que 90º eram observadas neste experimento.

4) Falsa. Como já dito na proposição 1-1, no modelo de Rutherford, os elétrons deveriam espiralar até o núcleo num tempo ínfimo.

**3)**

0) Verdadeira, pois se refere à própria definição de um corpo negro.

1) Falsa, pois a cor de um corpo negro ideal é resultante do seu espectro de emissão de radiação, o qual depende da temperatura.

2) Falsa, pois esta foi a hipótese que Einstein utilizou para explicar o efeito fotoelétrico.

3) Verdadeira e deu origem à quantização da energia na Física.

4) Falsa, pois os pacotes têm energia diretamente proporcional à frequência.

**4)** 0) Falsa, pois a teoria da relatividade restrita representou uma correção à física newtoniana no limite de velocidades próximas à velocidade da luz no vácuo.

1) Falsa, pois o valor da velocidade da luz depende do meio de propagação.

2), 3) Verdadeiras, pois a teoria da relatividade restrita apresentou as transformações entre referenciais inerciais (transformações de Lorentz) compatíveis com o eletromagnetismo clássico, o qual é incompatível com as transformações de Galileu da física newtoniana.

4) Falsa, pois a teoria da relatividade restrita não postulou que a luz era formada por fótons de energia quantizada. Além disso, a energia do fóton é proporcional à frequência, e não ao comprimento de onda.

**5)** b

**6)** d

**7)** d

**8)** c

**9)** d

**10)** e

**11)** a

**12)** e

**13)** c

**14)** a

**15)** e

**16)** b

**Página77**

**Prova temática – Uncisal**

**1)** c

**2)** c

**3)** c

**4)** d

**5)** b

**6)** a

**7)** c

**8)** d

**9)** a

**10)** a

**11)** d

**12)** e

**13)** e

**14)** c

**15)** a

**16)** e

**17)** d

**18)** d

**19)** a

**20)** e

**Página 82**

**Questões com múltiplos conteúdos**

**1)** b

**2)** d

**3)** c

**4)** d

**5)** 1. c

    2. c

    3. e

    4. e

    5. e

    6. c

    7. c

    8. c

    9. c.

**6a)** 1,2 A

**6b)** 75 m

**7)** a

**8)** b

**9)** d

**10a)** 144 W

**10b)** 10,5 min

  I. E – As linhas de força estão invertidas; estão saindo do potencial positivo dirigidas para o potencial menor, nulo.

  II. E – O campo elétrico depende da distância entre as placas.

  III. E – De acordo com a manipulação matemática, temos $v^2 = \dfrac{2 \cdot q \cdot U}{m}$. A velocidade informada no item não condiz com o modelo teórico.

  IV. C – Sendo $E = qU$, temos a energia $1,6 \cdot 10^{-15}$ J, menor que 2 femto-joules.

  V. E – Usando a regra da "Mão Direita", temos que o campo magnético, aponta para o sentido contrário proposto pelo item.

  VI. C – A Força centrípeta é inversamente proporcional ao raio de curvatura.

  VII. E – Um condutor percorrido por corrente elétrica fica sujeito a uma força magnética $F_m = Bil\,sen\theta$, afirmação negada no item.

  VIII. C – Força centrípeta não realiza trabalho, tal conceito é confirmado pela informação contida no item.

  IX. C – Manipulando as equações de energia elétrica e campo magnético chega-se à afirmação proposta pelo item.

  X. E – O raio da trajetória é diretamente proporcional à massa da partícula lançada no campo magnético uniforme, mas o item afirma que a massa é menor.

**12)** d

**13)** e

**14)** e

**15)** b

**16)** d

**17)** e

**18)** e